Herrenhäuser Gärten

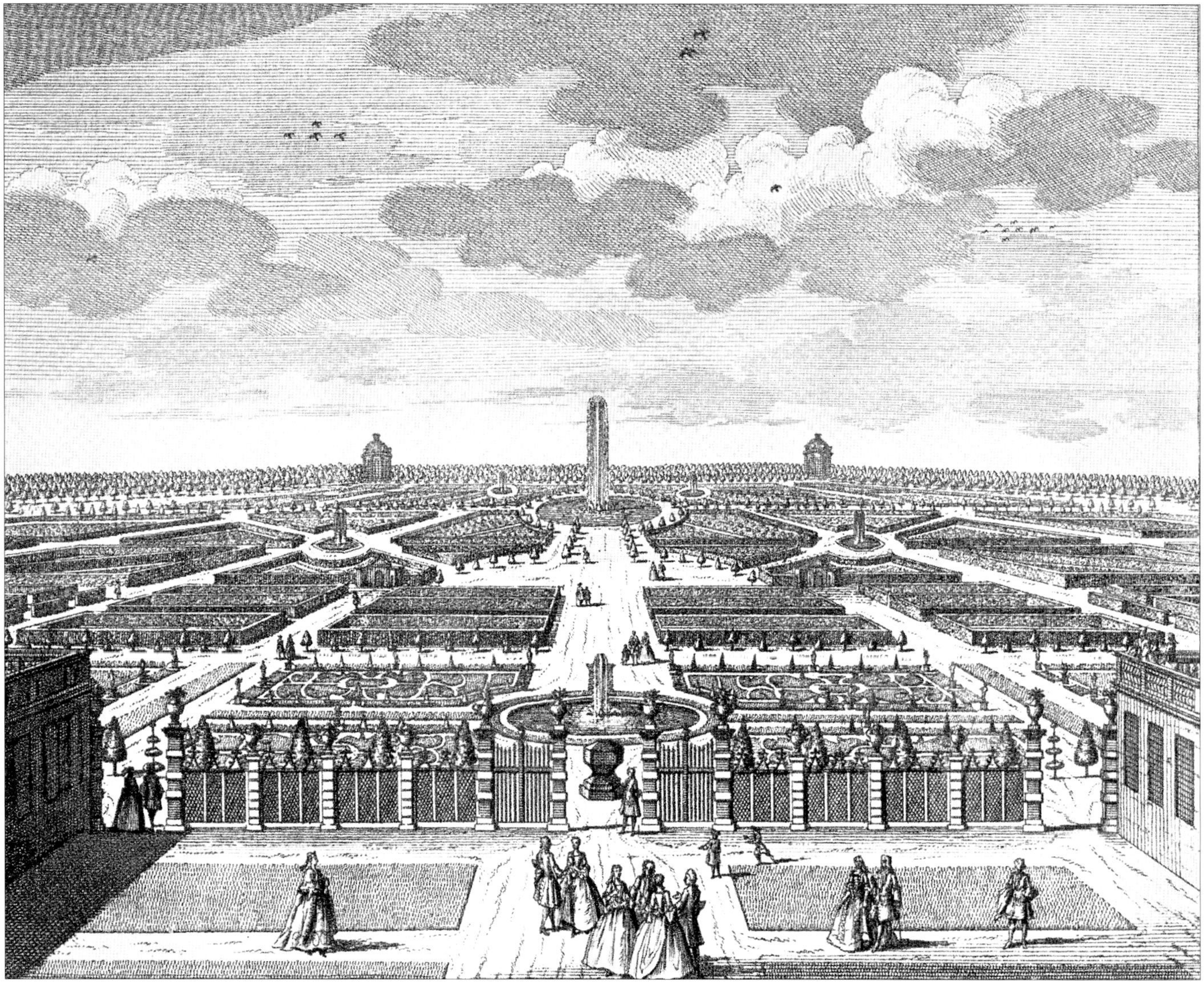

Herrenhäuser Gärten

NIK BARLO JR.
HANAE KOMACHI
HENNING QUEREN

Hrsg. von Ronald Clark und
Wilken von Bothmer

HINSTORFF

Titelbild: Im Großen Garten, im Vordergrund: Feuer oder Vesta, Nik Barlo jr.
Schmutztitel: Statue der Kurfürstin Sophie im Großen Garten, Nik Barlo jr.
Frontispiz: Das Luststück des Großen Gartens, vom Balkon des Schlosses aus gesehen (Kupferstich nach Sasse, 1751) Landeshauptstadt Hannover, Historisches Museum Hannover
Rücktitel: Leibnizpavillon im Georgengarten, Nik Barlo jr.

Bibliographische Information Der Deutschen Bibliothek:
Die Deutsche Bibliothek verzeichnet diese Publikation in der Deutschen Nationalbibliographie; detaillierte bibliographische Daten sind im Internet über http//dnb.ddb.de abrufbar.

Lagerstraße 7, 18055 Rostock
Tel. 03 81 / 49 69 – 0
Internet: http://www.hinstorff.de

2. Auflage 2007
Herstellung: Hinstorff Verlag GmbH
Lektorat: Eva Maria Maas
Druck und Bindung: Westermann Druck Zwickau GmbH
Printed in Germany
ISBN 3-356-01153-7
ISBN 978-3-356-01153-1

Bildnachweis:
Alle Aufnahmen von Nik Barlo jr. außer:
Fürstenhaus Herrenhausen Museum: S. 20
Alina Gwose / Michael Herling: S. 65
Fria Hagen: S. 64
Landeshauptstadt Hannover, Historisches Museum Hannover: S. 14, 16, 21, 23, 27, 33, 93, 118 links, 138
Landeshauptstadt Hannover, Stadtarchiv Hannover: S. 124
Landeshauptstadt Hannover, Stadtvermessung: S. 19, 118 rechts
Hassan Mahramzadeh: S. 31
Heiko Preller: S. 76, 78
Übersichtspläne S. 8/9, 36/37, 90, 120: Landeshauptstadt Hannover, Herrenhäuser Gärten
Aus gestalterischen Gründen wurden bei den historischen und aktuellen Abbildungen vorwiegend Ausschnitte der Originalvorlagen veröffentlicht.

Inhalt

Vorwort

»Jedermann ist erlaubt sich im königl. garten eine veränderung zu machen« steht auf der Steintafel aus dem Jahre 1777 am Prinzentor. Dieser Satz gilt uneingeschränkt auch noch fast 300 Jahre später. Die Herrenhäuser Gärten sind ein Ensemble aus Gartenkunst und Gartenkultur, das in seiner Vielfalt einmalig ist. Der barocke Große Garten sowie die landschaftlich gestalteten Anlagen Georgengarten und Welfengarten zeigen die große Spannbreite der Gartenkunst von 1700 bis 1850. Nirgendwo in Europa sind die Epochen des Barock und der Aufklärung so nah beieinander in solch ausgeprägter Form zu erleben. Die unterschiedlichen Welten der historischen Parkgestaltung offenbaren sich dem Besucher beim Spaziergang entlang der Mittelachse des Großen Gartens und beim Blick von der Augustenbrücke im Georgengarten über die Teichflächen zu den Trauerweiden am Ufer.

Der Berggarten ist ein Mekka für Pflanzenliebhaber. Die Pflanzensammlungen sind einmalig, allen voran die weltweit bedeutende Orchideensammlung. Ob in den Gewächshäusern oder im Freiland, im Berggarten sind an jedem Tag des Jahres blühende Kleinode zu entdecken.

Doch die Herrenhäuser Gärten wären nicht vollständig ohne ihre Festkultur, die schon seit dem 17. Jahrhundert ein wichtiger Bestandteil des Veranstaltungskalenders in Hannover ist. Die »Festwochen Herrenhausen« mit Barockkonzerten in der Galerie, dem Kleinkunstfestival »Kleines Fest im Großen Garten«, Schauspiel im Gartentheater, der Internationale Feuerwerkswettbewerb, Lebensart beim »Gartenfestival Herrenhausen« im Georgengarten oder einfach ein abendlicher Gang durch den illuminierten Barockgarten: Die Herrenhäuser Gärten bieten ein einzigartiges Erlebnis ästhetisch gestalteter Natur und Kultur.

Ronald Clark
Direktor der Herrenhäuser Gärten /
Landeshauptstadt Hannover

Wilken von Bothmer
Geschäftsführer der Herrenhausen
Verwaltungs GmbH und Co. KG

Blick von der Aussichtsterrasse auf das südliche Große Parterre

Die Herrenhäuser Gärten

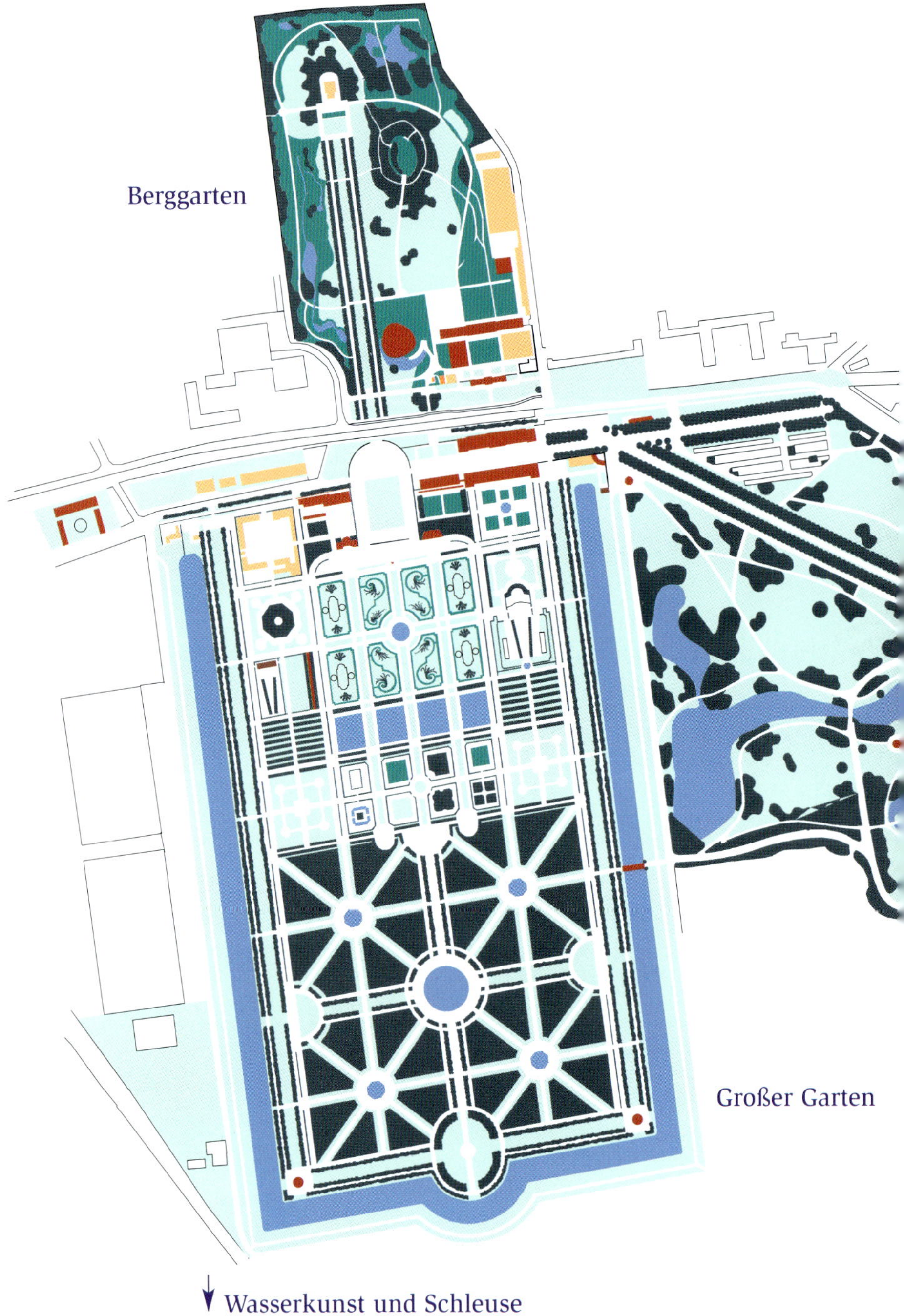

N
Georgengarten
Welfengarten

Ein Sommernachtstraum

Es gibt nur wenige Orte, an denen so einfach und unmittelbar barockes und fürstliches Lebensgefühl zu erlangen ist, wie im Großen Garten von Hannover. Für jedermann. Denn seit kurfürstlichen Zeiten ist der Besuch allen erlaubt. Mit gewissen kleinen Einschränkungen allerdings, die heute noch gültig sind. Eine markante Steintafel am Eingang erklärt seit 1777 die Regeln, die damals lose Handwerksburschen im Zaum halten sollten:

Jedermann ist erlaubt sich im königl. garten eine veränderung zu machen / gemeinen leuten wird jedoch bey leibesstrafe verboten / keine statüen und andere freystehende sachen zu beschädigen / nicht nach den schwänen zu werfen oder solche auf ihren brüteteichen zu beunruhigen / keine hünde mit in den garten zu nehmen / die nachtigallen weder zu fangen noch zu stören / sich der bäncke bey der grossen FONTAINE nur alsdann zu bedienen, wenn solche für standespersonen oder vornehmen fremde nicht nöhtig fallen / der angestellten wache, so mit dem zeichen GR. an der brust versehen nicht zu trotzen

In den darauf folgenden Jahrhunderten nahmen der Adel und später das Bürgertum die königliche Aufforderung zur Veränderung auf, erweiterten, verbesserten, restaurierten, entwickelten den Garten zu einer der schönsten und bedeutendsten Barockanlagen Europas.

Heute sind die Herrenhäuser Gärten, von denen der Große Garten ein Teil ist, einmaliges Beispiel, wie gut barocker Formenreichtum und klassizistische Klarheit mit der Moderne des 20. und auch des 21. Jahrhunderts harmonieren: Die aus dem Absolutismus geborenen Vorstellungen und Wünsche einer Kurfürstin Sophie und des großen Philosophen Gottfried Wilhelm Leibniz mit den demokratischen Bestrebungen eines selbstbewussten Bürgertums, das eine unverbildete Natur verwirklichen wollte, einerseits, mit den gebauten oder auch nur gedachten Weltarchitekturen eines Arne Jacobsen und nicht zuletzt der universellen Spiritualität der Kunst von Niki de Saint Phalle andererseits.

Herrenhausen, das war der Schauplatz von großer Politik, Wissenschaft, Kunst und Liebe, hier war der englische König zuhause, hier hat der russische Zar Peter der Große getanzt, hier hat Georg Friedrich Händel musiziert und Leibniz über die Unendlichkeit von Gottes Schöpfung nachgedacht – und als England und Schottland sich 1707 zum Königreich Großbritannien vereinten, wurde das in Herrenhausen gefeiert.

Das berühmte Goldene Tor von Herrenhausen, feuerverzinkt und aufwändig vergoldet, mit Blick über das Orangenparterre auf die Galerie

Seiten 12/13:
Blick von Nordosten auf die Skulptur Asien (im Vordergrund) im Großen Parterre

Die Herrenhäuser Gärten sind im Laufe von mehr als drei Jahrhunderten gewachsen auf ein insgesamt 135 Hektar großes Gesamtkunstwerk, ein lebendiges Gartenkunstmuseum aus Großem Garten (Barock), Berggarten (Botanik), Georgen- und Welfengarten (Landschaft) – von denen jeder einzelne schon wunderbar genug ist und in denen jede der vier Jahreszeiten ihren speziellen Reiz hat. Wann Herrenhausen am schönsten ist? Vielleicht in den lauen Sommernächten, wenn schwerer Blütenduft in der Luft liegt, wenn der Große Garten zauberhaft illuminiert ist, die Wasserspiele wie weißes Gold in der Dunkelheit schimmern, die sattgrünen Hecken geheimnisvoll leuchten – das ist ein ganz realer Sommernachtstraum, bei dem nur noch die Feen fehlen. Die dann manchmal doch auftauchen, ganz real beim »Kleinen Fest im Großen Garten«.

Herrenhausen ist ein Herzstück von Hannover, einer Stadt, deren Kern im Zweiten Weltkrieg zu 96 Prozent zerstört wurde und deren historische Schönheit unwiederbringlich verloren gegangen ist. In den Gärten wird die bedeutungsvolle Geschichte der Stadt Hannover und der Dynastie der Welfen sichtbar und konserviert – in den Gärten, die von den Bürgern Hannovers immer wieder vor dem Verfall auch durch Kriege hindurch gerettet wurden. Diese unnachahmliche Schönheit der Herrenhäuser Gärten, die die Zeitalter vom Barock bis in die Gegenwart umfängt, ist keine nur nostalgische Schönheit, sie atmet immer auch unsere Zeit. Das berühmte Goldene Tor von Herrenhausen steht deshalb offen für die Zukunft.

Die Auffahrt des heute nicht mehr existierenden Schlosses zu Herrenhausen (Lithographie von Wichmann, 1834)

Der Fürst und die Melonen

Herrenhausen mit seinem Schloss war die Sommerresidenz des hannoverschen Hofes, der im Leineschloss in der Stadt residierte. Beide Schlösser fielen den Bombenangriffen des Zweiten Weltkriegs zum Opfer.

Schon 1636 übersiedelte das Haus Braunschweig-Lüneburg nach Hannover, vor allem wohl, weil dies die einzige Stadt im Fürstentum war, die kaum unter dem Dreißigjährigen Krieg gelitten hatte. Das Dörfchen Höringehusen diente ab 1638 dem Herzog Georg von Calenberg als Vorwerk mit Absteigequartier, als Produzent von Lebensmitteln für den Hof. Und da auf der Tafel unbedingt Melonen stehen mussten, wurden schon 1653 die ersten Melonen-Gläser aus Murano geholt, in denen man die kostbaren Früchte auch im Norden im Freien ziehen konnte.

1665 beschloss Herzog Johann Friedrich, der dritte Sohn des Herzogs Georg von Calenberg, der gebildet, romantisch und, wie es heißt, etwas eigenartig war (vielleicht, weil er zum katholischen Glauben übergetreten und seine innere Lebenseinstellung vor allem im Süden, in Venedig geprägt worden war), den Flecken zur Sommerresidenz auszubauen. Er gab dem Dörfchen den etwas besser klingenden Namen Herrenhausen. Um über ein standesgemäßes Gebäude verfügen zu können, wurde im gleichen Jahr das Jagd-

schloss Lauenstein bei Coldingen zerlegt, nach Herrenhausen geschafft und der Fachwerkbau nach den Plänen des Venezianers Lorenzo Bedoghi als Lustschloss wieder aufgebaut. Ein Venezianer musste es sein, musste es bei vielen Gelegenheiten immer wieder sein, wie wir noch sehen werden. Zum eigentlich recht weit entfernten Venedig hatten die hannoverschen Herrscher eine bemerkenswert innige Beziehung. Der Herzog reiste überaus gerne in die Lagunenstadt, besonders wenn dort Karneval war. Sein Hof war südländisch geprägt, ungewöhnlich viele Ausländer, das bemerkten Briefeschreiber jener Zeit, waren hier beschäftigt.

Ein Jahr später, 1666, kam es dann zur eigentlichen Anlage des Gartens. Der herzögliche Gärtner Michael Grosse erhielt den Auftrag, südlich vom Schloss einen Lustgarten anzulegen, der nicht nur und später nicht mehr der Aufzucht von Nutzpflanzen dienen sollte. Seine Abmessungen sind auch heute noch gut erahnbar: Der erste Garten war nahezu quadratisch und lag auf der Fläche des heutigen Großen Parterres. Johann Friedrich berief als Hofrat den gerade 30 Jahre alten Philosophen Gottfried Wilhelm Leibniz nach Hannover, und der Denker wurde von Anfang an in die Konzeption und den Ausbau des Lustgartens einbezogen. 1676 wurde das Schloss nach Plänen von Hieronymo Sartorio, eines, wie sollte es anders sein, Venezianers, und unter der Beteiligung des hiesigen Bauschreibers Brand Westermann (der für den Herzog 1705 auch ein »Prinzenhaus« baute, das heute aber nicht mehr existiert) erweitert. Grotte, Ehrenhof und Kaskade wurden errichtet. 1677 entstand das erste Gewächshaus mit Kachelofen und Butzenscheiben. Man engagierte außerdem noch Gärtner, Architekten, Fontänenmeister aus Italien und versuchte, den absolutistischen Herrschaftsanspruch durch die anspruchsvolle Gartengestaltung und technisch aufwändige Wasserspiele auszudrü-cken.

Historische Abbildung des königlichen Schlosses zu Herrenhausen (Lithographie von Wilhelm Kretschmer, 1858)

Eine Frau, die ihresgleichen sucht

1679 folgte der Bruder des Herzogs auf den Thron: Ernst August (Regierungszeit 1679 bis 1698), der erst Herzog und dann Kurfürst war. Mit ihm und mit seiner Frau, der Kurfürstin Sophie, begann die Blüte von Herrenhausen, erlebte Hannover seine höchste Prachtentfaltung.

Der Herrenhäuser Kreis um die Kurfürstin Sophie hat im gleichzeitigen Deutschland nicht seines gleichen gehabt. (Goethe)

Kurfürstin Sophie war begeistert von den prächtigen Barockanlagen des Hauses Oranien in Holland, wo sie Kindheit und Jugend verbracht hatte. Diese kleinen Paradiese wollte sie auch in ihrer neuen Umgebung einrichten. 1630, im Dreißigjährigen Krieg, wurde sie geboren, als zwölftes Kind von Kurfürst Friedrich V. von der Pfalz, der als nur kurz regierender »Winterkönig« in die Geschichte eingegangen ist, und, was später von großer Bedeutung sein wird, der Engländerin Elisabeth Stuart, der einzigen Schwester Carls I. von England. Die Familie lebte in Den Haag im Exil, denn die Spanier hatten sie vom Heidelberger Hof vertrieben. Sophie wurde streng erzogen und fand lange keinen passenden Ehemann.

Zunächst verlobte sie sich mit dem Bruder ihres späteren Ehemannes, Georg-Wilhelm zu Braunschweig-Lüneburg, der in Celle regierte. Von den Celler Landständen wurde er vor die Wahl gestellt, endlich standesgemäß zu heiraten oder auf die Apanage zu verzichten. So präsentierte man ihm die stolze, aber mittellose und mit 28 für damalige Verhältnisse schon recht betagte Sophie, die eigentlich gerne ihren Vetter, den späteren Karl II. von England geheiratet hätte, der sie jedoch nicht ehelichen wollte. Pech hatte sie auch mit Georg-Wilhelm. Ihr Verlobter bevorzugte seine Freiheit und dachte nicht daran, auf die damals üblichen »Kavaliersreisen« nach Venedig zu verzichten. Auf einer derartigen Reise bot er seinem Bruder einen Handel an. Dieser solle doch bitte die ungewollte Braut übernehmen, er selbst würde dafür niemals heiraten, damit die Kinder von Ernst August und Sophie später alles erben könnten. Die Sache wurde ab gemacht, die Braut erst ganz zum Schluss gefragt, und 1658 fand die Hochzeit statt. Fünf Söhne und eine Tochter bekam Sophie, der Ehemann machte Karriere, wurde zunächst Fürstbischof von Osnabrück. In dieser Stadt zeigte sich bereits das rege geistige Interesse der späteren Kurfürstin, sie versammelte kluge, elegante und weltoffene Denker als Ratgeber oder einfach nur Gesprächspartner um sich, versuchte, ein »neues Athen« zu beleben, das dann später zum hannoverschen »Musenhof« wurde.

1680 siedelte man nach Hannover um. Der dortige Hof war einer der prächtigsten und interessantesten in Deutschland, bekannt für seine Maskeraden, Gondelfeste, Illuminationen – die keine Erfindung des elektrischen Zeitalters sind – und für den wohl schönsten Karneval nördlich von Venedig. Eigentlich mit Widerwillen zog die Kurfürstin ins ländliche Herrenhausen, denn das konnte ihren Ansprüchen, die durch Verwandtschaft mit bedeutenden Höfen in England, Bayern, Sachsen, Orléans und Oranien verbunden war, nicht entsprechen. Aber sie entdeckte etwas, das ihre Kreativität fesselte: Bis zu ihrem Tod 1714 beschäftigte sie sich ununterbrochen mit dem Ausbau des Gartens von Herrenhausen. »Der Garten ist mein Leben«, hat sie einmal bekannt – sie gilt als die eigentliche Schöpferin von Herrenhausen. Nahezu alles in dieser Zeit Entstandene ist auf sie zurückzuführen. Mindestens so schön wie in Holland sollte es auch in Hannover sein, das war ihr erstes Ziel. Deshalb schickte sie ihre Gärtner auf Reisen, damit diese unmittelbar erfahren konnten, wie barocke Gartenanlagen auf höchstem Niveau gestaltet wurden.

Ab 1682 wirkte ihr aus Frankreich stammender Gärtner Martin Charbonnier (der bereits den Garten der fürstbischöflichen Residenz in Osnabrück angelegt hatte) in Herrenhausen. Er gestaltete in den folgenden drei Jahrzehnten

Der Große Garten von Norden nach einem anonymen Kupferstich aus dem Jahre 1714

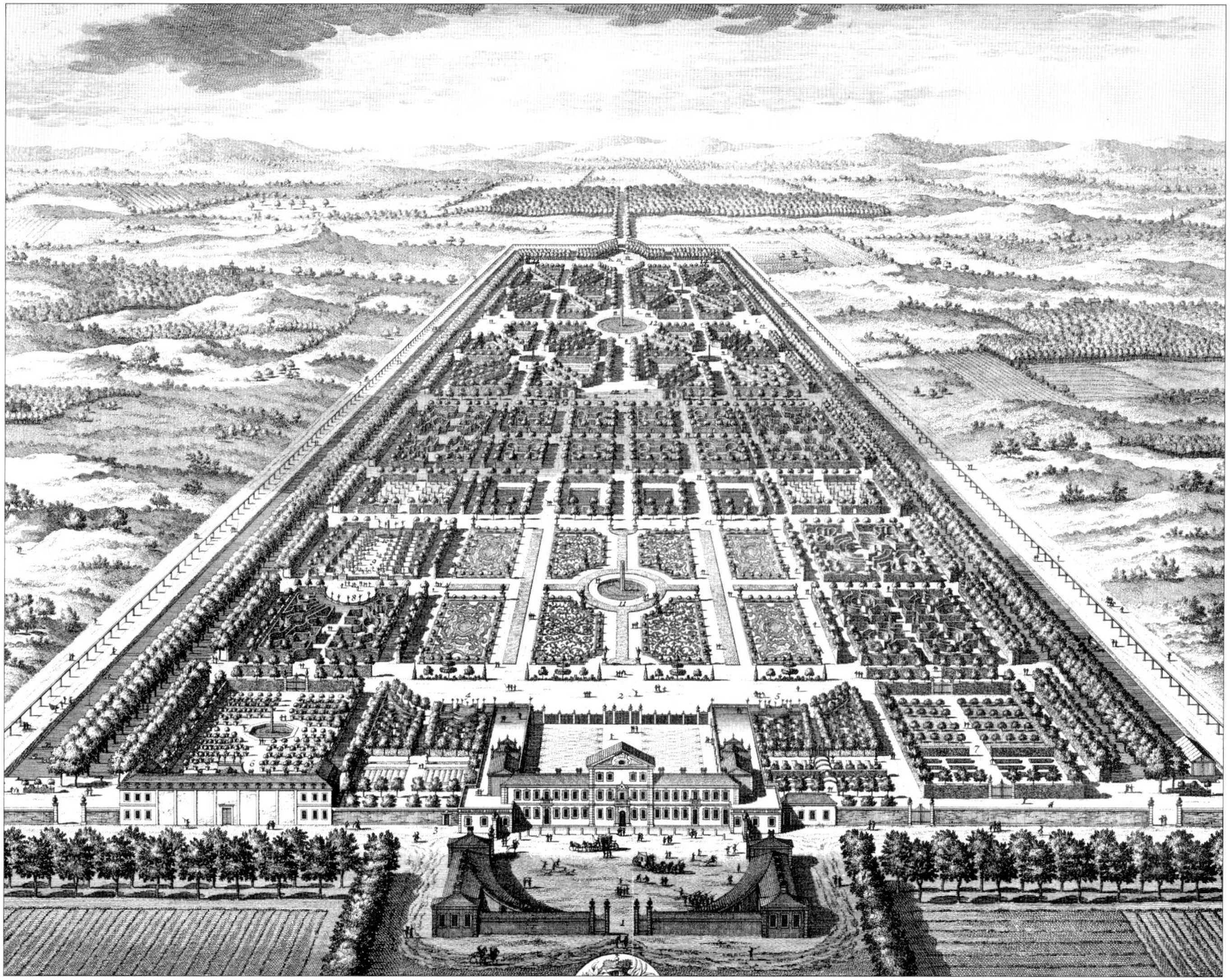

Bildnis der Kurfürstin Sophie von Hannover als Prinzessin von Calenberg (1660, Fürstenhaus, Gemälde von Adriaen Hannemann), zu besichtigen im Herrenhausen-Museum

den Großen Garten – mit dem Gartentheater, dem Nouveau Jardin, dem Figurenschmuck des Großen Parterres, den Pavillons an den südlichen Ecken der Anlage und dem Galeriegebäude. Anspruchsvolle technische Projekte wie die Große Fontäne wurden von 1704 bis 1721 realisiert. In seiner heutigen Form entstand der Garten von 1696 bis 1714: ein ganz spezielles Rechteck – wie man noch sehen wird –, begrenzt durch einen künstlichen Wassergraben und aufwändige Baumalleen.

Der Tod von Ernst August im Jahr 1698 verband die Kurfürstin noch enger mit Herrenhausen, denn er hinterließ seiner Frau Schloss und Garten.

Kurfürstin Sophie war eine der bemerkenswertesten Frauen ihrer Zeit, nicht nur aufgrund ihrer regen geistigen Interessen. Sie war auch Erbin der britischen Krone. Die Mutter von Sophie war eine geborene Stuart. Obwohl erst an etwa fünfzigster Stelle in der englischen Thronfolge, war Sophie nach dem Tod des letzten Kindes der regierenden Königin Anne die erste Protestantin. So wurde sie vom englischen Parlament, das keine katholischen Stuarts mehr auf dem Thron wollte, zur Thronerbin bestimmt. 1701 überbrachte eine englische Gesandschaft die Sukzessionsakte des englischen Parlaments. »Hannover und Herrenhausen sind ein Klein-England geworden, weil sie so voller Engländer sind«, schrieb die Herzogin von Orléans.

Fast wäre sie selbst auf den englischen Thron gelangt: Sophie starb nur zwei Monate vor der Königin. So fiel ihrem Sohn, dem hannoverschen Kurfürsten Georg Ludwig, als Georg I. die englische Königskrone zu. Danach herrschten die Welfen 123 Jahre lang über Großbritannien und Hannover (die »Personalunion«). Wegen der unterschiedlichen Thronfolgegesetze – in Hannover kam eine Frau als Herrscherin nicht in Frage – übernahm 1837 Queen Victoria Großbritannien. Ihr Onkel, der Herzog von Cumberland, kehrte als König Ernst August nach Hannover zurück. Heute steht er als Reiterfigur vor dem Bahnhof und »begrüßt« die ankommenden Reisenden.

In der Zeit der Kurfürstin wurde Hannover zu einem Ort geistreicher Lebenskunst, Herrenhausen zu einem hochrangigen Treffpunkt von Größen der europäischen Kultur, Wissenschaft und Musik. Herrenhausen war eine Stätte, die die Aufklärung vorwegnahm, etwa durch bedeutende Persönlichkeiten wie den Dichter Hortensio Mauro, den Architekten Giacomo Quirini und den venezianischen Komponisten Agostino Steffani, der die Oper »Enrico Leone« über Heinrich den Löwen schrieb. Als Ratgeber schätzte die Kurfürstin ganz besonders den Leipziger Philosophen Leibniz, der 40 Jahre in Hannover lebte, bis zu seinem Tod 1716 Hofrat und Leiter der Bibliothek war. In seinen späten Lebensjahren hatte er die für ihn undankbare Aufgabe, die gesamte Geschichte des Welfenhauses zu erforschen, um dessen herausragenden Rang zu unterstreichen, den es seit Verleihung der Kurfürstenwürde hatte. Immerhin bis zum Jahr 1 000 kam Leibniz.

Viel lieber aber waren dem Philosophen die Gespräche mit der Kurfürstin, in denen es immer wieder um die Ausgestaltung des Gartens ging. Auch um technische Probleme, zu denen Leibniz profunde Gutachten abgab, beispielswei-

Der Philosoph Gottfried Wilhelm Leibniz (nach einem Gemälde von Mathias Scheits), hochgeschätzter Ratgeber Kurfürstin Sophies

se bei der komplizierten Wasserzufuhr für die Wasserspiele. Ein Universalgelehrter, ja Universalgenie war Leibniz, erfand zeitgleich mit Newton die Infinitesimalrechnung, die er auch der Kurfürstin zu erklären versuchte, obwohl sie Gespräche über Gott, die Welt und vor allem den Garten bevorzugte. Aber den band der Philosoph gern in die Erklärungen seiner Gedanken ein. Als es einmal um die unendliche Vielfalt der Schöpfung ging, schickte Leibniz die Hofdamen der Kurfürstin Sophie in den Garten mit der Bitte, sie möchten ihm doch einmal zwei gleiche Blätter bringen, was angesichts der Fülle des Angebots nicht schwierig zu sein schien. Natürlich gelang es nicht, womit der Beweis für die Vielfalt erbracht war.

Herrenhausen hatte sich auch einen guten Klang durch die Musik erworben, unter anderem durch den damaligen »Maestro di Capella di S. A. E. d'Hannover«, ein Amt, das ab 1710 Georg Friedrich Händel, Kapellmeister des Kurfürsten Georg Ludwig, ausübte. Kurfürstin Sophie schrieb in einem Brief. »Ich besuche täglich unsere Kurprinzessin, sie ergötzt sich an der Musik eines Sachsen, die alles übertrifft, was ich je auf dem Cembalo und in der Composition gehört habe.« Im Übrigen: »Er ist ein recht schöner Mann.« Und der verstand sich gut mit Leibniz, welcher ein besonderes Interesse auch für die Musik zeigte. Neben Kammermusiken für die Mitglieder der kurfürstlichen Familie komponierte Händel für die Aufführungen der Hofkapelle im Herrenhäuser Schloss und Garten.

Dort war zwischen 1689 und 1693 ein reizvolles Gartentheater entstanden – gleichzeitig mit dem Opernhaus, einem der ersten in Deutschland. Für dessen Errichtung gab es einen gewichtigen Grund: Der Herrscher sollte nicht so häufig nach Venedig reisen, um dort die Oper zu hören, sondern in Hannover bleiben und ordentlich regieren. Das war einem schon ein eigenes Musiktheater Wert. Nach dem Tod von Ernst August wurde die Oper allerdings aufgelöst und das Ensemble entlassen.

In den Sommermonaten führte man in Herrenhausen französische Komödien und vor allem Instrumentalmusik auf. An die Händel-Zeit knüpfen heute die »Festwochen Herrenhausen«, auch mit stilvollen Aufführungen selten gespielter Händel-Opern, an. Händels »Wassermusik« erklingt zudem abends bei der festlichen Illumination des Gartens und bei Feuerwerken oft auch seine »Feuerwerksmusik«.

Sophie war schon über 80 Jahre, als sie in einem Brief schrieb: »Ich sitze in meinem Kabinett, mitten in der Sonne, wie die Melone im Treibhaus, habe da zwölf Kanarienvögel, die einen Lärm machen, als wenn ich in einem Gehölz wäre. Ich muß Gott für meine gute Natur danken, daß ich noch sonder Mühe den großen Rundgang um den Herrenhäuser Garten machen kann, denn ich gehe sehr gern in diesen schönen Laubengängen spazieren.« Trotz der

Der »Prospect der Cascade zu Herrenhausen«
zeigt die Kaskade etwa um 1750.

Seiten 24/25:
Blick über die Glockenfontäne im Morgengrauen

»guten Natur«: Am 8. Juni 1714 erlag die Kurfürstin einem Herzschlag und starb friedlich inmitten ihres geliebten Gartens. Ein Denkmal am Endpunkt der östlichen Seitenachse erinnert an Sophie, gestiftet wurde es 1878 von Preußen – schließlich war sie auch Großmutter von Friedrich dem Großen. Die Skulptur aus Carrara-Marmor zeigt sie mit ihrer Lektüre in der Hand, der berühmten »Theodizee« von Leibniz, die unter anderem durch beider »Herrenhäuser Zwiegespräche« angeregt worden war.

Ein Garten schläft

Nach dem Tod der Kurfürstin wurde es zunehmend ruhiger in Herrenhausen. Zwar entstand 1720 bis 1723 die Orangerie, damit die empfindlichen Kübelpflanzen vor der Winterkälte geschützt werden konnten. Und nachdem der Hof 1714 nach London übergesiedelt war, diente Herrenhausen bis 1755 als Sommerresidenz noch zur Ausrichtung glanzvoller Feste im Großen Garten. 1725 tauchte sogar ein Plan auf, den gesamten Schlosskomplex um 180 Grad zu drehen und repräsentativer zu errichten, ganz nach dem großen Vorbild Versailles.

Dann jedoch kehrte fast ein Jahrhundert Ruhe ein, Herrenhausen verfiel in eine Art Dornröschenschlaf, der sich allerdings auch als Segen erwies und dem Garten seine Einmaligkeit verleiht: Vieles blieb, manches auch aus Geldmangel, erhalten, was unter anderen Umständen dem Zeitgeschmack geopfert worden wäre. Denn die ersten beiden Georgs (sie regierten von 1714 bis 1760) kamen noch regelmäßig in ihr Stammland, sodass der damalige Bau- und Gartendirektor von Hardenberg einige bedeutende Projekte realisieren konnte – wie 1726 die zwei Kilometer lange, vierreihige Herrenhäuser Allee, die Herrenhausen an das Stadtzentrum anbindet. Friedrich Karl von Hardenberg (1696 bis 1763) war eine der wichtigsten Persönlichkeiten für die Herrenhäuser Gärten, 1741 wurde er Oberhofbau- und Gartendirektor und erbaute 1747 das Hardenbergsche Haus. Der Staatsmann, Politiker und Denker war zwei Jahrzehnte allein verantwortlich für Herrenhausen.

Bei jedem königlichen Besuch kam dann ein wenig vom alten Glanz auf: Herrenhausen zog Fürsten und Diplomaten aus ganz Europa an, das Volk versammelte sich, um sie zu bestaunen, die Royals und Promis, das war damals nicht anders als heute. Georg III. (er regierte von 1760 bis 1820) hat Hannover nie besucht. Seinen Untertanen wurde erzählt, es verhalte sich wie mit dem lieben Gott: Man könne ihn nicht sehen, aber er sei trotzdem da. Das Schloss verlor an Bedeutung und Bausubstanz und war sogar vom Abbruch bedroht. Nur 1810 kehrte für kurze Zeit wieder Leben ein: Jérôme Napoleon weilte für zwei Wochen in Herrenhausen.

1814 wurde Hannover Königreich, und 1837 endete die Personalunion mit England. Die Unabhängigkeit Hanno-

Die Herrenhäuser Allee beginnt am Königsworther Platz, den diese historische Abbildung zeigt; die ursprünglichen Lindenbäume der Allee wurden 1726 gepflanzt (Lithographie von Wilhelm Kretschmer, 1855).

vers als eigenständiges Königreich ging 1866 zu Ende. Hannover wurde preußische Provinz, der letzte hannoversche König, Georg V., ging ins Exil nach Österreich.

Herrenhausen blieb zwar weiter im Besitz der Welfen, lag aber natürlich nicht mehr in ihrem unmittelbaren Interesse. Der Garten wurde durch den Welfenfonds, das beschlagnahmte Vermögen des Königshauses, finanziert. Der Erste Weltkrieg und die wirtschaftlich schwierigen Zeiten der Weimarer Republik trugen zum immer stärkeren Verfall der Anlage bei – bis ab 1934 der Niedersächsische Heimatbund zur Rettung aufrief.

Besser wurde es jedoch erst ab 1936, nachdem die Stadt Hannover den Großen Garten und den Berggarten gekauft hatte. Innerhalb von nur elf Monaten restaurierte sie den gesamten Großen Garten, fügte aber auch noch zusätzliche barockisierende Elemente hinzu. Aus dieser Zeit stammen die Sondergärten, die Aussichtsterrasse, der Irrgarten und die Buchsbaumornamente des Großen Parterres. Doch der Garten erblühte nur kurz. Im Zweiten Weltkrieg wurden das Schloss vollständig zerstört und der Garten durch Bombentreffer schwer beschädigt.

Das um 1675 entstandene Schloss war ursprünglich vergleichsweise unscheinbar, von außen sah man nur verputztes Fachwerk. Dafür war es innen so prächtig, wie man es erwarten konnte – mit Kronleuchtern, viel Brokat und dicken Gobelins. Von 1818 bis 1822 wurde es von Hofbaumeister Georg Ludwig Friedrich Laves (1788 bis 1864) ausgebaut und in Maßen der Zeit angepasst. Laves beeinflusste als Stadtplaner und Architekt nachhaltig das Stadtbild Hannovers, bereitete den Aufbruch der Stadt in die Moderne vor, baute unter anderem das Opernhaus und das Königliche Mausoleum im Berggarten.

Der Fachwerkbau brannte 1943 bis auf die Grundmauern nieder. Einzig Teile der alten Freitreppe zum Garten blieben erhalten. Der gemauerte Treppenbogen markiert heute den Endpunkt der westlichen Seitenachse; gut zu sehen aus der Grotte.

Blick auf die Große Kaskade, zusammen mit der Grotte ältestes Bauwerk des Großen Gartens

Die Galerie oder:
Die Unendlichkeit schwebt unter der Decke

Die Galerie ist heute das eindrucksvollste Gebäude von Herrenhausen, hier hat, immerhin 83jährig, Kurfürstin Sophie 1713 an der Hand von Zar Peter dem Großen mit einer Polonäse einen Maskenball eröffnet. Zwischen 1694 und 1698 war diese monumentale Orangerie für die Überwinterung der Pflanzen errichtet worden – von dem kurpfälzischen Architekten Johann Peter Wachter, einem Baumeister, der vor allem in Mannheim als Entwerfer von Kirchenbauten geschätzt wurde. An der Grundstruktur des Gebäudes ist seit der Zeit der Kurfürstin bis heute kaum etwas geändert worden. Sie ließ, da es ihrer Meinung nach zu wenig Pracht im eigentlichen Schloss gab, den Mittelsaal in einen *Festsaal* umwandeln und die mit ihm verbundenen Seitenteile in schmuckreiche Wohnräume.

Das Bemerkenswerteste ist die Decke, mit verschlungenen Stukkaturen von Dossa Grana und Pietro Rosso, die allein durch ihre Arbeit in Herrenhausen unsterblich wurden: Ein graublaues Bandornament mit ockerfarbenen Rändern erstreckt sich, fängt man einmal an, der Spur zu folgen, endlos über dem Betrachter hin. In der Mitte des Bandes ziehen sich – nein, es sind keine kleinen Wölkchen, wie man von unten betrachtend denken könnte – grau auf schwarzblau gemalte zarte Rosen. Und kein Besucher ahnt dabei, was sich darüber befindet, mit welch einem Aufwand die Decke 1998 restauriert wurde. Sie besteht aus purem Stuck, wurde vor 300 Jahren mit simplem Drahtgeflecht und Stroh

Die Galerie wurde 1694 bis 1698 ursprünglich für die Überwinterung von Pflanzen erbaut.

einfach zwischen Balken geklemmt. Heute wird das Bauwunder mit chirurgisch feinen und gummigepufferten Messingnadeln gesichert, die im Stuck verankert wurden.

Die Wandfresken in der Galerie und auch den Wohnräumen stammen vom Venezianer (!) Tommaso Giusti und stellen einen Zyklus aus dem trojanischen Krieg dar – ein Beispiel für die südliche Freskenkunst, die im Norden zu voller Blüte kam. Fünf mattgold glänzende, übergroße Kronleuchter hängen schwer von der Decke, gliedern den Raum und geben ihm einen ausgeprägt festlichen Charakter. Um die Leuchter herum sind Monogramme des Kurfürstenpaares in kunstvollen Ranken angebracht. Das alles erzeugt eine phantastische Raumwirkung und einen beeindruckenden Glanz, die durch die aufgemalte Scheinarchitektur noch unterstützt werden – die begrenzenden Wände scheinen sich nach hinten zu öffnen. An den Schmalseiten befinden sich Musikemporen, die von gemalten Atlanten getragen und bei besonderen barocken Konzerten noch genutzt werden.

Die Fresken an der Nordwand zeigen die Flucht des Äneas aus Troja, wie Juno Jupiter um die Zerstörung der Flotte des Äneas bittet, die Ankunft des Äneas in Karthago und sein Empfang durch Dido, Sturm auf die Stadt der Rutuler und den Zweikampf des Äneas mit dem König der Rutuler. Über acht Kaminen scheinen kraftvolle aufgemalte Reiterfiguren aus halbzylindrischen Nischen zu preschen. In den Nischen auf der Fensterwand (nach Süden) sind die Taten des Herkules verewigt, darunter auch, wie Herkules den Stier bezwingt. Besonders bemerkenswert ist das letzte Bild: Die Darstellung der Ewigkeit zeigt eine Frau mit einer Schlange, die sich in den Schwanz beißt. Vor der Wand stehen die Büsten von 13 römischen Kaisern. 28 waren es ursprünglich, die nach dem Tod von König Ludwig XIV. in Paris erworben wurden, wo man sie wiederum für den französischen Hof in Rom gekauft hatte. Die Köpfe sind in Bronze gegossen und wurden damals für wertvoller gehalten, als sie eigentlich waren. 1803 schrieben sie Geschichte, als sie auf Befehl Napoleons nach Laeken bei Brüssel geschafft wurden. 1816 kehrten die heute noch erhaltenen Stücke nach Herrenhausen zurück.

Kurfürstin Sophie bewohnte einst im Westflügel in der oberen Etage zwei Räume und ein Zwischenkabinett. Das *Spiegelzimmer* war ihr Schlafgemach, der namensgebende Spiegel diente als Etagere für die große Porzellansammlung, die man sich heute dazudenken muss. Das so genannte ***Leibnizzimmer*** war das Wohnzimmer, es bot einen wunderbaren Blick in den Garten. Stuck wurde hier verschwenderisch eingesetzt wie Buttercreme, die Ornamente stehen in keinem Verhältnis zu den Maßen des Raums. Ein Kaminbild zeigt Zeus mit Krone und Zepter, wie er auf einem Adler sitzend Blitze hernieder schleudert. Vor dem Zweiten Weltkrieg stand hier eine Leibniz-Büste. Zur Erinnerung, denn der Philosoph hatte hier mit Kurfürstentocher Sophie Charlotte (Ehefrau des Preußenkönigs Friedrich I.) die Gründungsakte der Preußischen Akademie der Wissenschaften unterzeichnet, deren erster Präsident er wurde. Ganz andere Verträge werden heute hier geschlossen. Denn in diesen beiden Zimmern kann geheiratet werden – das hannoversche Standesamt macht gern eine Dependance auf.

Auf der gegenüber liegenden Seite der Galerie (im Ostflügel) befindet sich der *»Saal der Wahrheit«*, der für manche der schönste Innenraum von Herrenhausen ist – mit Malereien von antiken Gottheiten wie Vulkan, Jupiter, Saturn oder Neptun, die gleichzeitig die vier Elemente und Temperamente (Choleriker, Sanguiniker, Phlegmatiker, Melancholiker) verkörpern. Die Deckenmalerei schließlich zeigt den Triumph der Wahrheit, die mit mächtigem Sensenschwung und Sonnen bekröntem Haupt die Mächte der Finsternis in Schach hält.

Prachtvoll: der Festsaal der Galerie

Nachtschattengang, Orangerie und die Parade der Kübelpflanzen

Von der Galerie aus gelangt man ins *Orangenparterre*, das eine Einheit mit der Galerie bildet und gleichzeitig einzigartiger Pausenraum fürs Publikum bei den Aufführungen der »Herrenhäuser Festwochen« ist – kühlende Geräuschkulisse in den meist warmen Abendstunden ist eine rauschende Wasserfontäne.

Bis 1723 war die Galerie der Winter-Stellplatz für die Orangenbäumchen, eines der wichtigsten Statussymbole der absolutistischen Herrscher. In der wärmeren Jahreszeit wurden die Bäumchen nach draußen in den schlichten Hof gestellt. Die heutige Form erhielt das Orangenparterre 1965 vom damaligen Gartendirektor Karl H. Meyer mit Buchsbaumornamenten, farbigen Marmorkiesen und im Sommer Orangenbäumchen in großen Terrakotten.

Gleich neben dem Orangenparterre befindet sich der *Nachtschattengang:* Zu einer fürstlichen Orangerie gehörten außer Orangen natürlich auch viele andere tropische und subtropische Pflanzen, die transportabel in Gefäßen gehalten wurden. Die heute noch umfangreiche Sammlung an Kübelpflanzen erhält ihren besonderen Wert unter anderem auch durch die Engelstrompeten, die hier in vielen Variationen gepflegt werden. Engelstrompeten – Herrenhausen besitzt eine der weltweit größten Kollektionen – gehören zu den Nachtschattengewächsen, daher der doppeldeutige Name des Gangs, der im Sommer aus den großen herab hängenden Blüten einen ganz eigenen schweren, süßlichen Duftzauber verbreitet, dessen angeblich betäubende Wirkung im empfindsamen 18. Jahrhundert auch als Entschuldigung für manch' erotische Entgleisung herhalten musste.

Vom Orangenparterre gelangt man durch das berühmte *Goldene Tor* weiter in den Großen Garten – auch nach den Konzerten, wenn der gesamte Garten illuminiert ist. Eine Bürgerinitiative hat vor einigen Jahren für die Restaurierung des Tores gesorgt, das feuerverzinkt und aufwändig neu vergoldet wurde.

Die heutige *Orangerie* wurde 1720 erbaut, 1819 bekam der Fachwerkbau von dem hannoverschen Baumeister Georg Ludwig Friedrich Laves seine noch erhaltene klassizistische, streng gegliederte Fassade. Der lang gestreckte, schmucklose, in nüchternem Weiß gehaltene Saal wird seit gut 30 Jahren nicht mehr für das Überwintern der Pflanzen genutzt. Er eignet sich hervorragend für kulturelle Veranstaltungen wie das Festival »TanzTheater International«, Wintervarietées, Messen (Kunst und Antiquitäten) sowie Empfänge.

Zwischen Orangerie und Galerie begrüßt im Sommer die Parade der *Kübelpflanzen* die Besucher. Da kann man dann gleich der ältesten Bewohnerin der Gärten seine Reverenz erweisen. Gleich rechts, die erste Pflanze, ist ein Granatapfelbaum, der 1653 aus Venedig nach Hannover kam. Daneben stehen kleine Hibiskus-Bäumchen, Zypressen, Pflanzen aus Südafrika und Australien, die chinesische

Galeriegebäude und Orangeriegarten (Kupferstich von J. J. Müller, 1751, nach Joost von Sasse um 1720)

Hanfpalme – und die europäische Zwergpalme, die ebenfalls schon stattliche 250 Jahre alt ist. Besonders imposant sind die über zehn Meter hohen Kanarischen Dattelpalmen, die gleich mediterranes Urlaubsgefühl aufkommen lassen.

1966 schuf der berühmte Architekt Arne Jacobsen – der Däne ist einer der wichtigsten Designer des 20. Jahrhunderts – in Herrenhausen ein kleines Bauwunder. Das lang gestreckte, lichte ***gläserne Foyer*** dient als Eingangsbereich und Garderobe für die Galerie. Halb unter der Erde, dennoch aber lichterfüllt, ist die untere Etage; die obere Etage, die Promenade, scheint über der Erde zu schweben. Die Architektur verrät nicht, wie schwer sie ist, sie scheint vom Material befreit. Durch die Transparenz und das fast nur aus einer Linie bestehende Dach fließen Gebäude und Garten ineinander, Innen und Außen verschmelzen auf selten harmonische Weise. In der Dämmerung lohnt es manchmal, den Blickwinkel zu ändern und das Geschehen von Außen zu beobachten – die Bewegungen im hell erleuchteten Foyer sehen aus wie eine lebensgroße Filmszene.

Parallel zum Foyer verläuft ein gusseiserner ***Säulengang***, der wesentlich älter ist. 1841 von Hofbaumeister Laves ursprünglich für das außerhalb Herrenhausens liegende Schloss Monbrillant entworfen, wurde er später als Verbindung von Galerie und Schloss genutzt. Beachtenswert ist das reizvolle Spiel, das die Verzierungen mit der sachlichen Jacobsen-Architektur eingehen – wie ein Schattenspiel oder schwarze Spitzen spiegelt sich das Gusseisen auf den Glasfassaden der Stahlkonstruktion. Das Foyer ist mittlerweile zur Pilgerstätte von Architekturfans aus der ganzen Welt geworden. 1964 hatte Jacobsen sogar die hohe Aussichtsterrasse »Belvedere« mit Restaurant entworfen, ein einer Skisprungschanze ähnelndes futuristisches Bauwerk, das aber nicht realisiert wurde.

Vom Ehrenhof aus blickt man auf Palmen und in die Hauptachse des Großen Gartens.

Der Bereich vor dem Foyer war einst nur der herrschaftlichen Familie vorbehalten. Lange Zeit nur als Kaffeegarten genutzt, wurde der ***Fürstliche Privatgarten*** im Jahr 2000 als Blumengarten wieder neu angelegt mit 36 langen, schmalen Blumenbeeten, die so geschickt angeordnet sind, dass sich aus bestimmten Blickwinkeln eine einzige durchgehende Blumenfläche ergibt. Die Linden spenden im Sommer herrlichen Schatten, und der Garten ist wie das Orangenparterre Aufenthaltsort für Konzertbesucher während der Pausen. Und auch dieser Garten hat es in sich, interpretiert zeitgemäß die Gestaltung der Natur.

Der Entwurf stammt vom Schweizer Landschaftsarchitekten Guido Hager, europaweit gefragt wegen seiner sensiblen Bezugnahmen auf die historische Substanz – mit einem bloßen Konservieren ist es für ihn nie getan. Hager interpretierte das Blumenparterre des Großen Gartens noch einmal klein nach. Klein fühlt sich auch der Besucher unter den Bäumen, deren Kronen erst in viereinhalb Metern Höhe beginnen.

Neben dem Foyer liegt der ***Ehrenhof***. Früher fuhren hier die königlichen Kutschen vor, heute dient das Rund als stimmungsvolle Kulisse für klassische Open-air-Konzerte.

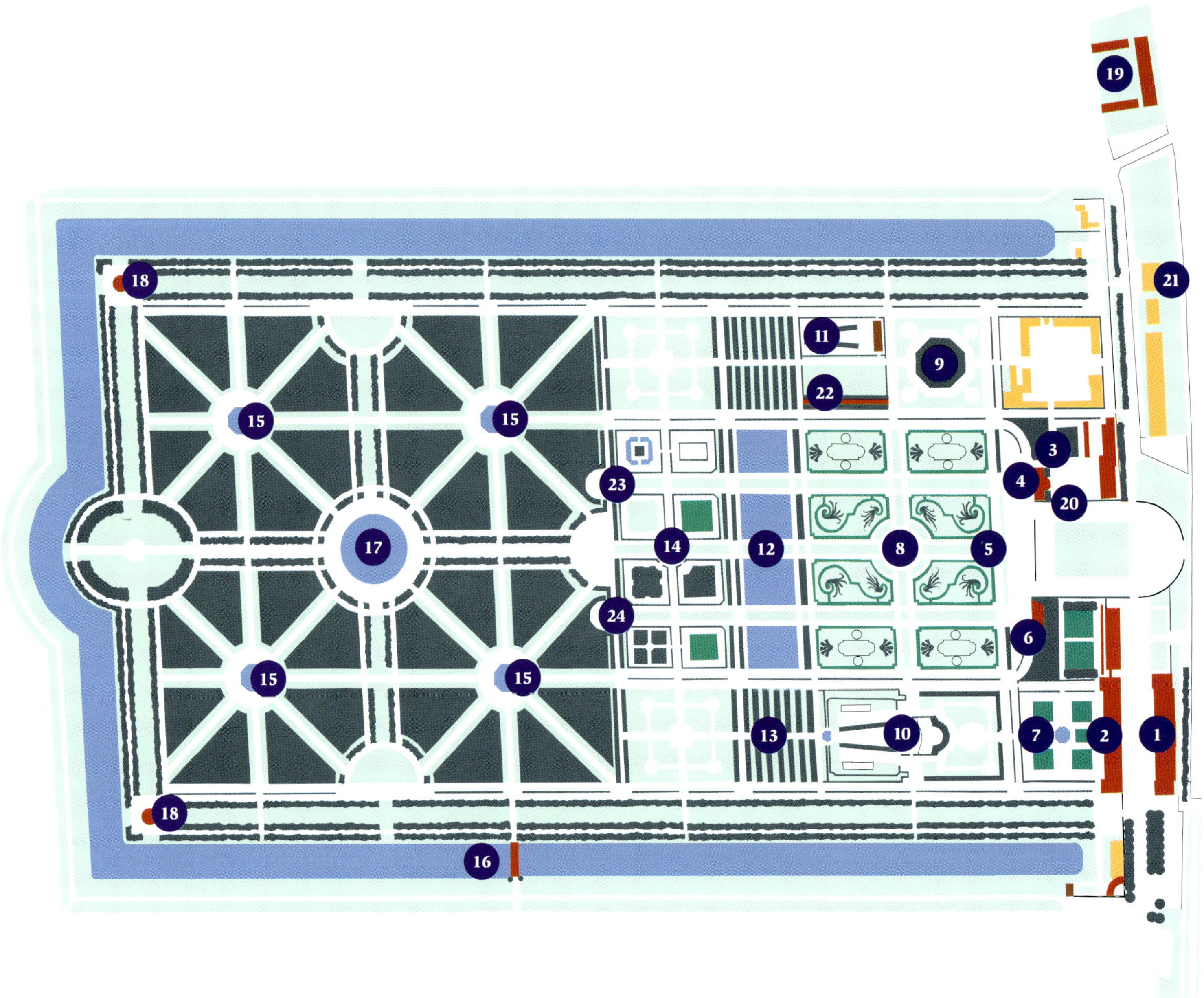

19
21
18
11
9
22
15
15
3
4
23
20
17
14
12
8
5
24
6
15
15
13
10
7
2
1
18
16

Der Große Garten

1 Orangerie
2 Galerie mit Foyer
3 Feigengarten / Schlossküche
4 Grotte von Niki de Saint Phalle
5 Sonnenuhr und Großes Parterre
6 Kaskade und Blumengarten
7 Orangenparterre
8 Glockenfontäne
9 Irrgarten
10 Gartentheater
11 Probenbühne
12 Schwanenteiche
13 Lindenstücke
14 Sondergärten
15 Sternfontänen
16 Friederikenbrücke / Graft
17 Große Fontäne
18 Tempel Remy de La Fosse
19 Fürstenhaus / Herrenhausen-Museum
20 Kasse Großer Garten
21 Hardenbergsches Haus
22 Aussichtsterrasse
23 Schlosstreppenfragment
24 Sophiendenkmal

2,8 Grad für den Großen Garten

Alle große Schönheit ist nicht wirklich perfekt – um dadurch nur umso schöner zu wirken. Der Große Garten umfasst 50 Hektar, und es mangelt ihm an exakter Rechtwinkligkeit. Um genau 2,8 Winkelgrade ist der Garten schief angelegt. Diese Winkelverschiebung, eine mit großem Aufwand erzeugte Unstimmigkeit – die bei der Anlage aller Wege und Sondergärten, auch bei der Pflege der Beete entsprechend einzuhalten ist – hat den Sinn, das Auge zu täuschen, denn der exakte rechte Winkel, wird nach Auffassung der Barockzeit eher als schief und ungleich empfunden, erst die kleine Imperfektion erzeugt künstlich die perfekte geometrische Schönheit. So die eine Meinung. Und warum gerade 2,8 Grad? Erst ab drei Grad, so Leibniz, kann das Auge eine Unregelmäßigkeit feststellen. Kaum ein Besucher wird bemerken, dass der Garten ein wenig aus der Facon ist. Eine andere Meinung führt die kleine Verschiebung auf den Wunsch nach einer unbewussten Spannung zurück, in die der Besucher beim Betrachten des Gartens versetzt wird.

Wie auch immer: Was für ein Aufwand wird durch diese Verschiebung verursacht! In jedem Jahr geht es für die Herrenhäuser Gärtner wieder neu um genau 2,8 Grad zu wenig oder zuviel. Aber es ist eben so gewollt, und auch insofern ist der Große Garten ein artifizieller, ein künstlich-künstlerischer Garten, der das Unveränderliche zum Ziel, den absoluten Willen zur Gestaltung der Natur zur Grundlage hat. Ganz im Gegensatz zum benachbarten Berggarten, der einem anderen Prinzip folgt und auf die vergleichsweise freie Entwicklung der Natur, die Entfaltung der Pflanzen durch Raum und Zeit setzt.

Herzkammer von Herrenhausen ist das *Große Parterre*, hier steht man auf der Urzelle des Gartens. Die zwischen 1674 und 1678 nach Entwürfen von Hofgärtner Henry Perronet gepflanzte und mit Heckenquartieren eingefasste Anlage wurde zunächst praktisch genutzt – so für den Obstanbau. In dieser Phase entstanden die beiden ältesten bis heute erhaltenen Bauwerke, die Grotte und die Kaskade. 31 000 Quadratmeter umfasst der Festsaal im Freien, der als Gegenstück und Ergänzung zum Festsaal im Schloss angelegt wurde, dominiert von acht lang gestreckten Beeten im Hauptfarbenmix Weiß-Gelb-Rot mit der Glockenfontäne im Zentrum. Sinn des Ganzen, wie im Barock üblich, ist es, nicht einfach nur einen schönen Garten anzulegen, sondern mit der Anlage eine Idee zu vermitteln. Hier ist es der Versuch, die Ewigkeit zu gestalten, mit den Wegen in Längsrichtung dem Betrachter eine in die Unendlichkeit weisende Perspektive zu vermitteln.

Unendlich wie die verrinnende Zeit, für die die *Sonnenuhr* steht, die 1712 von Louis Remy de la Fosse geschaffen wurde (1659 bis 1726, baute und plante unter anderem die Schlösser Fantaisie und Monbrillant für Hannover, die

Herzstück von Herrenhausen ist das Große Parterre.

Seiten 40/41:
Vor allem aus der Vogelperspektive sind die barocken Muster des Großen Parterres erkennbar.

Schlösser in Mannheim und Darmstadt) – mit einem üppigen Sandsteinsockel und dem kunstvollen Königswappen, das die Zwölf markiert. Eine Uhr, die die Ewigkeit ordnet, passend zum Standort an zentraler Stelle des Barockgartens, in dem die ewige Natur streng geordnet wird.

Ein solcher Barockgarten ist ein vollkommen synthetisches Gebilde von bemerkenswerter Regelmäßigkeit und Symmetrie. Keine Pflanze wird ihrem natürlichen Wachstum überlassen, überall wird sie geschnitten, getrimmt, damit sie ihre Aufgabe als Ornament, als geometrisches Element im Gesamtkunstwerk Barockgarten einnehmen kann.

In vier Skulpturen um die Welt

Würde man sie heute noch erkennen? Diese Europa ist eine kriegerische Schönheit, trägt ein Schwert und einen Schild mit Doppeladler, einen schweren Helm, und hinten am Fuß türmen sich einige Kanonenkugeln. Mit Europa links vorn beginnt das ***Skulpturenfeld des Großen Parterres***, das acht Felder umfasst – im Zentrum die Fontäne. Jedes wird jeweils von vier grellweißen Sandsteinfiguren umgeben. Weiß müssen sie sein, damit sie sich optisch sauber von der dunklen Umgebung abheben. Verwendet wurde Barsinghäuser Deister-Sandstein ganz aus der Nähe. Manche Themen, von denen die Figuren erzählen, wiederholen sich, ganz wie die

Im Skulpturenfeld des Großen Gartens: im Vordergrund Venus mit Putto und Kind, im Hintergrund zwei Vasen

Herkules, Bezwinger des Stieres, bewacht die Mittelachse, einst Zugang zum Schloss, und schwingt seine Keule.

Europa mit Schwert und Schild

Asien, eine türkische Dame mit Perlen-Kopfputz

Seite 44: Amerika, Jägerin mit Bogen und Federkleid

Die Himmelsgöttin Juno mit Spiegel (Seite 46) sowie Pluto und Prosperina (Seite 47)

barocke Musik die Fugen und Variationen als Stil liebte. Mit der Malerei im Festsaal der Galerie stehen die Skulpturen in einem harmonischen Verhältnis.

Die Einheit (aller Beete) wird, wie im Barock üblich, ideell erzeugt: Die vier äußeren Figuren in den Eckpunkten des Parterres bilden die damals bekannten vier Erdteile. Beginnend mit der bereits erwähnten Europa geht es dann im Uhrzeigersinn über Amerika und Afrika nach Asien. Amerika schreitet über einen Alligator, sie ist die wilde Jägerin mit Bogen in Federkleid und mit entsprechendem Kopfschmuck. Afrikas Fuß ruht auf einem zahmen, aber Zähne fletschenden Löwen, in der Hand hält sie einen Skorpion und auf ihren Kontinent verweist auch der seltsam wirkende Helm mit Elefantenkopf und Rüssel. Das barocke Asien liegt für heutige Verhältnisse ziemlich nah, es wird dargestellt durch eine türkische Dame mit Perlen besticktem Kopfputz Turban liegt am Boden.

Gesellschaft bekommen die vier Kontinente durch eine ganze Heerschar weiterer Skulpturen, die antike Helden, Götter, Jahreszeiten und Elemente abbilden. Die ins Unendliche zu denkende Mittelachse war früher der Zugang zum Schloss und wird deshalb gut bewacht von zwei Herkulesfiguren mit Keulen. Seine Kämpfe mit dem kretischen Stier und dem nemäischen Löwen werden hier dargestellt. Die äußeren Zugänge zur Querallee bilden die vier Elemente.

In zwei Nebenzentren des Parterres stehen je vier wunderbar gearbeitete Prunkvasen, geschaffen von Christian Georg Vick.

Juno, Jupiters gekrönte Gattin, ist die Himmelskönigin, sie steht für die Luft. Klug ist sie und ein wenig eitel, darauf verweist der Spiegel in ihrer linken Hand (auch ein Symbol für Selbsterkenntnis), sie herrscht mit ihrem Zepter, und ihr Begleiter, der Pfau, trägt eine kleine Krone. Das Wasser ist die Najade, sie stützt sich auf Fels und Baum, aus einer Amphore strömt das Nass. Die asiatische Muttergottheit Cybele symbolisiert die Erde, sie ist die Fruchtbarkeit. Mit Blumenkranz, Füllhorn und einem Haufen Früchten steht sie über einem Löwen. Vesta, die Gottheit des Herdes, ist das Feuer, der unsterbliche Phönix erhebt sich aus dem Scheiterhaufen zu ihren Füßen.

Natürlich dürfen auch die vier Jahreszeiten nicht fehlen, die hier allerdings nur zu dritt sind. Der Frühling, das ist Flora mit dem Blütenkranz in der Linken. Der Sommer fällt leider aus, die Figur der Fruchtbarkeitsgöttin Ceres ist im Laufe der Geschichte in das Gartentheater »gewandert«. Bacchus mit Trauben in einem Muschelpokal vertritt den Herbst – mit dem üblichen Rebenkranz auf dem Kopf, von einem Pantherfell umschlugen. Saturn ist der Winter, sein Bart ist vom Wind zerzaust, er sieht aus wie ein gichtiger Athlet, der sich auf einen brüchigen Quader stützt, Flügel und Sanduhr stehen für die Vergänglichkeit.

Und dann begegnen uns noch viele mehr oder weniger bekannte Gestalten aus der antiken Sagenwelt wie das Liebespaar Meleager und Atalante – Teilnehmer an der Jagd auf den kalydonischen Eber –, er hat das Jagdhorn, sie das abgetrennte Eberhaupt als Jagdbeute. Eine der drei Grazien ist Thalia, die Muse der Komödie, mit der Maske in der

Eine Vasengruppe stellt die vier Jahreszeiten dar, auf der Herbst-Vase spielt ein Putto mit Trauben.

1710 entstand auch die Prunk-Vase, die den Winter symbolisiert, hier ein Detail.

Linken. Die Frau, die da in den Spiegel blickt, könnte die Allegorie der Klugheit sein, aber auch Melpomente, die Schwester der Thalia, die als Muse für die Tragödien zuständig ist.

Die schöne Venus kann ruhig mehrfach auftreten: als Venus Medici mit einem kleinen Amor, der auf einem Delphin reitet. Dieses Thema taucht noch einmal auf: eine Venus nimmt einen kleinen Putto in Schutz. Und zum dritten: Venus – mit Spiegel und Kosmetikdose – trocknet ihr Haar mit einem Badetuch.

Im Zentrum des Parterres stehen vier Gruppen, die im Barock als »Mythologies galantes« bezeichnet wurden. Diese Werke stammen von Antonio Laghi, dem bemerkenswert gut durchtrainierte Figuren gelungen sind, die unter anderem Pan und Syrinx, den bocksbeinigen Sohn des Bacchus, der sich an der sich heftig wehrenden Nymphe vergreift, zeigen. Apollo und Daphne sind hervorragende Beispiele für die barocken Bewegungsdarstellungen, der Gott mit dem Köcher hebt die Nymphe empor und diese wendet sich klagend ab.

Auf dem Weg zur Glockenfontäne in zwei Nebenzentren des Parterres stehen auf Sockeln jeweils vier wunderbar gearbeitete ***Prunkvasen***, vollendete Meisterwerke von Christian Georg Vick, die der Künstler aus der hannoverschen Altstadt 1710 für 592 Taler schuf: noch einmal sind die vier Jahreszeiten und die Elemente Thema. Putzige Kinder spielen mit Blumen, Getreide und Trauben, wärmen sich fröstelnd im Winter am Feuer. Die Gesichter am Fuß der Vasen zeigen zur jeweiligen Jahreszeit die vier Lebensalter des Menschen. Gegenüber befinden sich die vier Elemente. Vögel und Wolken stehen für die Luft, Früchte und Tiere für die von Atlas getragene Erde. In der Werkstatt des Vulkan lodert das Feuer, bringt mit züngelnden Flammen das Metall zum Schmelzen für das Schmieden von Rüstungen. Und gleich daneben freuen sich ein Flussgott und Schildkröten über das kühle Element Wasser, das aus offenen Mäulern von Fischen strömt.

Reichlich Theater

Wohl nirgends kann ein »Sommernachtstraum« – sei es der unsterbliche von Shakespeare oder beliebte zeitgenössische Fassungen wie die von Heinz Rudolf Kunze – stilvoller über die Bühne gehen als in Herrenhausen. Und das seit mehr als 300 Jahren. Zwischen 1689 und 1692 entstand das ***Gartentheater***, das älteste in Deutschland, die Bepflanzungen stammen von Martin Charbonnier. Die Bühne ist vorn 25,5 Meter, hinten 17 Meter breit und unglaubliche 50 Meter tief. Die verblüffende perspektivische Wirkung wird noch dadurch gesteigert, dass sich die Bühne nach hinten um 1,45 Meter anhebt. Dafür müssen die kastenförmig geschnittenen Lindenbäume besonders getrimmt werden, denn vorn müssen sie eben 1,45 Meter höher sein, sonst würde der Horizont schräg verlaufen. Vergoldete Bleifiguren bilden den Abschluss der Hainbuchenhecken, ganz vorn stehen die beiden Borghesischen Fechter. Auf dieser Bühne trat auch schon – ganz nach der barocken Vorstellung, dass der Herrscher

auch gleichzeitig der erste Tänzer und Schauspieler seines Landes zu sein habe – Kurfürst Georg Ludwig auf. Und ließ sich aus einem Zuschauerraum bewundern, der auch heute noch die Form eines Amphitheaters hat. Leibniz hatte übrigens das Theaterstück »Trimalcion« für Georg Ludwig und Sophie Charlotte geschrieben, bei dem beide gemeinsam auf der Bühne standen.

Wer sich in der Theaterpause ein wenig königlich fühlen möchte, sollte den ***Königsbusch*** gleich hinter dem Gartentheater aufsuchen. Der Heckenbereich war früher mit eigenem Wachturm versehen und ausschließlich der herrschaftlichen Familie vorbehalten, die sich in den Theaterpausen verlustierte, mit Kegelbahn, Karussell und einer kleinen Fontäne für den Kronprinzen. Heute stehen hier Sandsteinplastiken (geschaffen um 1690 vom Holländer Arnold Rossfeld) der Herzöge Georg von Calenberg, Ernst Augusts von Hannover, des Prinzen Georg Ludwig und der Herzogin Sophie.

Die Gärten im Garten: Hier kann man sich verlaufen

Die schönste Belohnung nach dem Betreten eines Irrgartens ist in der Regel, dass man wieder hinausfindet. Das Herrenhäuser ***Labyrinth*** bot früher noch mehr: wer die Mitte erreichte, stieß auf einen kleinen Holztempel, der seltene Vögel oder auch Tauben in einem goldenen Käfig beherbergte. Heute muss man sich die Vögel denken, der kleine Tempel ist allerdings immer noch vorhanden, man erreicht ihn, sofern man den Weg durch das Labyrinth dorthin findet, nach 15 Metern. Der Weg durch den achteckigen Irrgarten ist durch einen halben Kilometer Buchenhecken begrenzt. Bei der Rekonstruktion des Großen Gartens 1936/37 waren die Pläne für einen Irrgarten wieder aufgenommen worden, die seit der Gründung des Gartens bestanden.

Die vergoldeten Bleifiguren rahmen eindrucksvoll die Bühne des Gartentheaters.

Aus diesen Jahren stammen auch die acht ***Sondergärten***, die die Entwicklung der Gartenkunst von der Renaissance bis zum Rokoko nachzeichnen.

Paris mit dem Apfel steht in einem kleinen Springwasserbecken in der Mitte des ***Springwassergartens***. Vorbild war der französische Schlossgarten Vaux-le-Vicomte des berühmten Gartenkünstlers André Le Nôtre, des ersten Baumeisters des Sonnenkönigs, der den Garten von Versailles als geometrisches Wunder gestaltete. Der ***Inselgarten:*** Wie der Name schon sagt, erreicht man die kleine quadratische Insel mit dem barocken Kiesparterre in der Mitte des Beckens über zwei schmale Brücken. Am Rand blühen blau Agapanthen, und an den Ecken des Quadrats verschönern Steinvasen des hannoverschen Bildhauers Kurt Lehmann (1905 bis 2000, schuf zahllose Skulpturen für den öffentlichen Raum Hannovers) das Bild – Kopien der Originale, die sich im ehemaligen Lustschloss Salzdahlum befanden. Schwer duftende Rosen umgeben den Besucher im ***Niederdeutschen Rosengarten***, der als »Liebesgarten« angelegt ist.

Niederdeutscher Blumengarten (Seite 54) und Inselgarten (Seite 55)

Zwischen Sondergärten und »Nouveau Jardin«: Blick über die Graft

Die beiden Pavillons von Remy de la Fosse an den südlichen Enden des »Nouveau Jardin«

Pavillons im Boskettgarten (Seite 58) und Blick über die Graft auf den Pavillon von Remy de la Fosse (Seite 59)

In den Lauben saßen in früheren Zeiten Musiker, die für die entsprechende Stimmung sorgten. Man kann auch heute noch erahnen, wie schön es einst war: Die Rosen sind Nachzüchtungen von Sorten der damaligen Zeit – nur die Musik muss man sich dazu vorstellen. Oder doch nicht ganz, wenn man zu Zeiten der Illumination in den Rosengarten geht, dann immerhin kommt die Musik vom Band. Fürs Wandeln und Philosophieren gedacht ist der ***Rasengarten***, schlicht gestaltet, damit nichts ablenkt. Die stilvollen Rasenflächen heißen Boulingrin, französisch abgeleitet aus dem englischen Bowlinggreen, der Grünfläche fürs Kugelspiel.

Von kleinen Mauern umrahmt und ein wenig vertieft ist der ***Barockgarten***, orientiert an französischen Vorbildern. In der Mitte – umgeben von Buchsbaumarabesken und mit verschiedenfarbigem Kies ausgelegten Flächen – sprudeln Wasserstrahlen. Wer den ***Rokokogarten*** betritt, sieht sich dem Merkur gegenüber. Eine Sandsteinstatue dominiert die symmetrische Anlage mit dem einfachen Muster aus Buchsbaumlinien auf grünem Rasengrund. Vorbild des ***Renaissancegartens*** war das Knotenparterre des Hortus Palatinus nahe dem Heidelberger Schloss. Das Gärtchen ist in vier unterschiedliche Kreuzbandmuster geteilt und mit verschiedenfarbigem Kies aufgefüllt. Die Sandsteinstatue in der Mitte zeigt Satyr mit der Panflöte, der im Wettstreit mit Apollo unterlag und nun gefesselt an einen Baumstamm seine Strafe erwartet. Wie Sahnehäubchen und Kuben sehen die grünen Buchsbäumchen im ***Niederdeutschen Blumengarten*** aus. Entsprechend der Saison werden die Gartenbeete mit Sommerblumen farbenfroh bepflanzt. In der Mitte des Gartens scheint die Sonne – als Skulptur fußend auf der Weltkugel. 1937 kam dieses Prachtstück aus einem hannoverschen Privatgarten hierher.

Schwer duftende Rosen im Niederdeutschen Rosengarten, der als »Liebesgarten« angelegt ist

Links und rechts von diesen acht Schaustücken liegen die ***Boskettgärten***, Intrigen können hier geschmiedet, gefährliche Liebschaften ausgelebt worden sein. Durch die geometrisch exakt geschnittenen hohen Hainbuchenhecken bilden sich Nischen und nach außen abgeschlossene Räume, Treffpunkte des Hofstaates für leise Vertraulichkeiten oder amouröse Abenteuer. Im Mittelpunkt stehen nach niederländischem Vorbild Säulentempel aus Holz.

Die nahe liegenden ***Lindenstücke*** spenden in heißen Sommern Schatten und erstaunen durch eine kleine Asymmetrie: das westliche Lindenstück weist eine Baumreihe mehr auf als das östliche – damit die Winkelverschiebung um 2,8 Grad eingehalten wird und die Optik stimmt.

Wer den Überblick behalten will, muss sich auf die Aussichtsterrasse begeben, die 1937 aufgeschüttet wurde und es den Besuchern ermöglicht, die Geometrie des Großen Parterres von oben zu erfassen. Dieser Wall bildet das symmetrische Gegenstück zum Gartentheater. Die südliche Gartenhälfte ***»Nouveau Jardin«*** wurde zwischen 1699 und 1709 durch Alleen geviertelt und jedes Viertel zusätzlich in Triangeln zerlegt, mit Hecken eingefasst und mit Obstbäumen bepflanzt. Und ganz im Süden an den Ecken befinden sich die

beiden *Pavillons* von Charles Louis Remy de la Fosse (1666 bis 1726, er war 1706 bis 1710 Hofarchitekt des Kurfürsten von Hannover). Eine verblüffende Augentäuschung: Einer ist aus Holz (von 1706), einer aus Stein, denn 1754 schlug der Blitz ein und das Fachwerk brannte nieder. Beide Pavillons beherbergen Kopien der acht Büsten von antiken Denkern, die 1757 der Hofbildhauer Johann Friedrich Zieseniss angefertigt hat: Platon, Sokrates, Epikur, Aristoteles, Marc Aurel, Cicero, Zenon und Karneades.

Magie und Freude: Die Grotte

Künstliche Grotten waren und sind immer Orte der Illusion, denen Wunder und Magie zugeschrieben werden, aber sie sind auch Stätten der unendlichen Freude. Herrenhausen hat so einen Ort – dank Niki de Saint Phalle, einer der bedeutendsten Künstlerinnen des 20. Jahrhunderts. Sie interpretierte die barocke Vision von einer künstlichen Tropfsteinhöhle neu.

Der Grottierer Michael Riggus aus Augsburg entwarf 1676 für Herrenhausen eine Grotte, einen Ort der Verzauberung und der Abkühlung. Denn die hohen Herrschaften gingen an heißen Sommertagen nach dem Lustwandeln gern in Grotten, um sich zu erfrischen mit der Kühle des Ortes, die durch sprudelndes Wasser und imaginär durch Dinge, die mit dem kühlen Nass zu tun haben, verstärkt wurde. Grotten wurden nicht nur im Barock geschätzt, in der Romantik waren sie noch mehr, Räume voll verborgener Geheimnisse, eigene Welten, die von sinnlich-übersinnlichen Kräften gespeist waren. »Nach Innen geht der geheimnißvolle Weg«, heißt es bei Novalis.

Wie die Herrenhäuser Grotte im Original genau aussah, weiß man heute nicht mehr. Aber anzunehmen ist, dass sie innen mit Kristallen, Mineralien, Muscheln und besonderem Glas aus Holland, Italien und Frankreich ausgestattet war. Der Hofarchitekt Hieronymo Sartorio baute den Pavillon für die Grotte, der Fontänenmeister Cadart installierte zahlreiche Wasserspiele. Bei einer späteren Untersuchung wurden 40 Wasseranschlüsse gefunden. 1820 bekam die Grotte die heute noch erhaltene klassizistische Fassade. Das Dach kann man über seitliche Treppen betreten – so hat man einen guten Überblick über den Garten. Fast 250 Jahre war die Grotte mit ihrem achteckigen Mittelraum und den zwei seitlichen Salons schmucklos und unzugänglich, wurde als Lager für Gartengeräte genutzt.

Und das ist wieder ein Glück im Unglück wie so vieles in Herrenhausen, denn es blieb – da man den Ursprungszustand nie wieder herstellen konnte – ein leerer Raum für

Die westliche Seitenachse des Großen Gartens führt zur Grotte (im Hintergrund).

Seiten 64/65:
Gold, gelb und orange ist der Mittelraum mit dem Namen »Spiritualität« dekoriert, den man als ersten Saal betritt, während sich im linken Saal der Grotte, er heißt »Der Tag und das Leben«, tausendfach helles Licht bricht.

ein großes Wagnis: die Gestaltung der Grotte durch eine zeitgenössische Künstlerin, Niki de Saint Phalle, mit ihren drallen, fröhlich-bunten Frauenfiguren, den »Nanas«, weltberühmt geworden. In Hannover stehen seit 1974 auch drei davon am Hohen Ufer: Caroline, Charlotte und Sophie (benannt nach der Kurfürstin – als ob die Verbindung zu Herrenhausen hier schon vorweggenommen worden wäre). Damals ein Skandal mit Bürgerprotesten, heute freundliches Symbol der Stadt und aus Hannover nicht mehr wegzudenken. Danach blieb Niki de Saint Phalle der Stadt eng verbunden, wurde Ehrenbürgerin und überließ der Stadt 360 Arbeiten. Als sie am 22. Mai 2002 starb, hatte sie mit der Grotte Herrenhausen und Hannover ihr letztes großes Werk gewidmet.

Schon 1996 begann sie, sich mit einem Entwurf für die künstlerische Ausgestaltung zu befassen, 1998 war er vollendet, der dreiteilige Zyklus »*Menschen*« – und am 29. März 2003 wurde die Grotte feierlich eröffnet. Die Idee für die Fenster war bei einem Restaurantbesuch in Hannover entstanden – Gitterfenster aus französischen Spiegeln, die den Großen Garten reflektieren und schon dadurch die Verbindung von barocker und heutiger Kunst herstellen. Geschaffen wurden sie durch die bestmögliche Technik: Die Edelstahlornamente der Gitter beispielsweise konnten nur per Lasertechnik so präzise nach den Entwürfen von Niki de Saint Phalle geschnitten werden.

Per Mikrowelle wurde das Mauerwerk bei der Ausgestaltung der Grotte mit den von der Künstlerin entworfenen Kacheln getrocknet.

Entstanden ist ein kleines Paradies, in dem zwei Springbrunnen, ganz in barocker Manier, eine beruhigende und kühlende Klangkulisse erzeugen.

Gold, gelb und orange ist der Mittelraum mit dem Namen »*Spiritualität*« dekoriert, den man als ersten betritt. Eine große Spirale geht von einer Säule aus und zieht sich über die achteckige Decke und die Wände hinab bis zum Boden. Alles fließt, alles ist in Bewegung, das ist hier die Botschaft, man befindet sich im Wirbel einer Galaxie. Und kann in den linken Saal, einen gleißend weißen Raum entkommen. Der heißt »*Der Tag und das Leben*« und funkelt wie ein Eisberg, in dem sich das Licht tausendfach bricht. In einem Brunnen steht eine freundliche grüne Nana im blauen Badeanzug. Die Zeichen des Lebens umringen den Betrachter: Blume, Sonne, Mond, Auge, Yin und Yang, Schlange und das Skelett in Gold. Sie symbolisieren Tod und Unsterblichkeit, Anfang und Ende. Auf der anderen Seite befindet sich das Gegenstück. Der azurdunkle Raum mit dem Titel »*Die Nacht und der Kosmos*« wirkt wie eine ewige blaue Stunde, erinnert an die Tiefe des Meeres. Tanzende Frauen steigen einen Glasmosaik-Sternenhimmel empor, und die elefantenköpfige Gottheit Ganesha wacht hier in einem plätschernden Brunnen. Die Welt draußen kann einem egal sein, hier in dieser Grotte fühlt man sich geborgen.

Zweieinhalb Millionen Euro hat das Kunststück gekostet, die zentrale Spirale ist aus Kieseln mexikanischer Strände gefügt, 75 farbige Skulpturen kamen aus Kalifornien, jedes einzelne Glasstück wurde eigens zugeschnitten, jedes Mosaikstück bekam die ihm bestimmte Form, egal wie unregelmäßig es von der Künstlerin entworfen worden war. Im Atelier in der Normandie wurden die Einzelteile auf Glasfaserplatten geklebt und vorsichtig nach Hannover transportiert. Was für ein Aufwand: Kein Mosaiksteinchen ist mit einem anderen identisch, ganz so, wie es kein Blatt gibt im Garten, das dem anderen gleicht.

Das Spiel mit dem Wasser

Und noch einen magischen Punkt gibt es in Herrenhausen, der wirklich jeden Besucher anzieht. Wenn man den Garten betreten hat, hört man in relativer Ferne lautstark eine Fontäne in die Luft rauschen. Die möchte man natürlich genauer betrachten, nähert sich langsam, immer weiter – und die Fontäne wächst und wächst und wächst. Auf unglaubliche 82 Meter, wenn Wind und Wetter es zulassen – eine Höhe, die in einem Garten sonst nirgendwo in Europa erreicht wird. Und das seit 1956, seit die Technik zum letzten Mal verbessert wurde. Eine stattliche Höhe von 35 Metern kam schon im Barock nur zu Stande, weil das Wasser durch einen vier Millimeter engen Schlitz gepresst und auf 140 Stundenkilometer beschleunigt wurde. Der eigentliche Strahl ist also hohl.

Dieses Schauspiel hat der Gartenschriftsteller Cay Lorenz Hirschfeld vor über 200 Jahren so beschrieben: »Es ist vielleicht das einzige Springwasser, das man seiner Höhe wegen mit einer Wonne betrachtet, die sich dem Gefühl des Erhabenen nähert. Indessen schäumt die stolze Säule immer in die Höhe, blitzende Diamanten springen oben ab, fallen und verschwinden wie der Kronenschmuck von den Häuptern der Monarchen.«

Seit 1720 befindet sich die ***Große Fontäne*** im Nouveau Jardin. Sie symbolisiert die pure Verschwendungssucht des Barocks. Nur um einen möglichst hohen Wasserstrahl in die Luft zu sprühen, wurden eine heute unvorstellbare Menge an Geld und an Kraft in Bewegung gesetzt. Das scheinbar so kindliche Vergnügen hatte jedoch damals den Zweck, Macht und Reichtum zu demonstrieren – so konnte ein Herrscher zeigen, dass er über die finanziellen sowie technischen und intellektuellen Mittel gebot, die ein solches Werk ermöglichten.

Schon 1667 wurden Hochbehälter aus behauenem Stein erbaut, die für den nötigen Wasserdruck sorgen sollten. Das Wasser wurde über Rohre aus Kieferstämmen von der Quelle Benther Berg nach Herrenhausen geleitet – die Leitung war 15 Kilometer lang, brachte zwar Wasser, aber die Fontäne nicht zum Sprudeln. 1700 trat der französische Fontänenmeister Pierre la Croix an. Aber auch ihm gelang es nicht, die Fontäne richtig zum Funktionieren zu bringen. Vergeblich bemühten sich noch ein Bergwerksvermesser aus dem Harz und ein Architekt aus Venedig.

Erst als Kurfürst Georg Ludwig, Sohn von Kurfürstin Sophie und seit 1714 als Georg I. auf dem Thron in England, englische Techniker nach Hannover schickte, kam Schwung in die Sache. Denn diesen gelang es, eine neuartige Wassermaschine der Firma Holland aus dem britischen Wanshad zu installieren. Man legte einen künstlichen Kanal an, das

Weithin sichtbar: die Große Fontäne im »Nouveau Jardin«, im Vordergrund eine Sternfontäne

164 Wasserstrahlen treffen sich genau in der Mitte und erzeugen eine rauschende Kuppel: die Glockenfontäne.

Die Skulpturen verzierte Kaskade ist eines der ältesten noch erhaltenen Bauwerke der Herrenhäuser Gärten.

In sechs Stufen liegen Bleimuscheln übereinander, von Etage zu Etage springen 24 Wasserschleier.

Einzigartig schön: Die illuminierte Große Fontäne springt bis zu 82 Meter hoch, auch in der Nacht.

Die von Baumeister Laves angelegte Friederikenbrücke wird heute als Gartenausgang genutzt.

aufgestaute Leine-Wasser bewegte fünf Wasserräder und 40 Pumpen – eine Technik, die immerhin 140 Jahre lang funktionierte und auch heute noch den Großen Garten mit Wasser versorgen kann.

1721 schoss der erste Wasserstrahl 35 Meter hoch in die Luft. Und dann ging es immer höher hinaus, über 67 Meter im Jahre 1856 bis zu den heutigen 82 Metern. Westlich vom Garten, hinter Bäumen versteckt, befindet sich die *Wasserkunst*, das auch heute noch voll funktionsfähige Wasserhebewerk, entwickelt und gebaut von der Firma Egestorff, aus der sich später die Hanomag entwickelte, ein (auch von außen) sehenswertes technisches Denkmal mit eindrucksvollen 150 Jahre alten Wasserrädern und Pumpen.

Die ersten Spiele mit dem Wasser – Wasserkünste nannte man sie in der damaligen Zeit – wurden schon 1676 von dem französischen Fontänenbauer Cadart geplant, der dafür eigens nach Hannover kam. Von ihm stammt das ältes-te noch erhaltene Bauwerk, die mit Muscheln und Mineralien verzierte *Große Kaskade*, über die das Wasser heute noch plätschert. In sechs Stufen liegen die Bleimuscheln übereinander, von Etage zu Etage springen 24 Wasserschleier an sieben Skulpturen vorbei: Hermes, Luna, Ares, Pallas Athene, Zeus, Hephästos und Herakles. Unterhalb der Treppen ruhen je eine weibliche und eine männliche Flussgottheit mit Füllhörnern.

Und wo es eine Große gibt, gibt es auch eine *Kleine Kaskade*. Sie liegt an der Rückfront des Gartentheaters, wurde 1692 von Johann Friedrich de Münter erbaut und weist eine besondere technische Raffinesse auf. Unter den Treppenaufgängen liegen steinerne Tritonen mit Hörnern in den Händen. Diese Hörner waren mit den Wasserleitungen der Großen Fontäne verbunden. Ließ man die Fontänen in die Höhe rauschen, entwich durch den steigenden Wasserdruck in den Leitungen die Restluft – durch die Hörner, die dann überall im Garten zu hören waren. So wurde – ähnlich dem Klingeln im Theater – der Beginn der Wasserspiele angekündigt.

Wie flüssiges Gold sieht die *Glockenfontäne* in der Mitte des Großen Parterres besonders in der Zeit der blauen Stunde aus, wenn sie illuminiert ist. Mit zunehmender Dämmerung verwandelt sich die Wasserkuppel in helles Weiß. Bei der großen Rekonstruktion des Gartens von 1936/37 wurde diese besondere Fontäne angelegt, bei der sich 164 von der äußeren Linie einer Kreisfläche ausgesandte Strahlen genau in der Mitte treffen und eine rauschende Kuppel erzeugen.

Vom besonderen Verhältnis der Kurfürsten zu Venedig war ja bereits die Rede. So liebten sie es auch, Gondel zu fahren. Das war zwar nicht der eigentliche Grund, warum die *Graft* zwischen 1696 und 1701 angelegt wurde, denn der kunstliche Wassergraben sollte vor allem vor Überschwemmungen schützen. Aber auch zum Lustgewinn wollte man ihn nutzen. Am nördlichen Ende wurde ein Gondelhäuschen gebaut, der Gondoliere Pierre Madonetto – eigens aus Venedig angereist – befuhr mit einer selbstgebau-

Einst fuhren hier Gondeln: Die Graft wurde zwischen 1696 und 1791 angelegt.

Die neue Schlossküche wurde im Jahr 2000 zur Weltausstellung EXPO 2000 errichtet.

ten Gondel die Graft. Ihr Bau hat viel Schweiß und Muskelkraft gekostet. 100 000 Kubikmeter Erde wurden auf zwei Kilometern Länge von Soldaten mit Hand, Spaten und Schubkarre ausgeschachtet – kräftig angefeuert von den schmissigen Klängen einer Militärkapelle.

Damit Königin Friederike vom Georgenpalais (darüber später mehr) ohne Umweg und direkt über die Graft in den Großen Garten gelangen konnte, entwarf Baumeister Laves für sie 1840 die *Friederikenbrücke*, die heute als Gartenausgang genutzt wird. Sehenswert sind vor allem die aufwändigen Verzierungen ihrer Geländer mit Delfinen, Schilfkränzen, Rudern, Degen und den verschlungenen Initialen EAF, gebildet aus den Vornamen von Königin Friederike und König Ernst August.

Hier schmeckt's: Die Schlossküche

Die hohen Herrschaften waren Feinschmecker. Frisches Obst und Gemüse, exotische Früchte sollten möglichst das ganze Jahr über auf den Tisch kommen, auch, um die Gäste zu beeindrucken. Deshalb legte man bereits mit der Gründung der Herrenhäuser Gärten einen Feigengarten an, errichtete Erdgewächshäuser für Pfirsiche und Aprikosen, die der freistehenden *Schlossküche* geliefert wurden. Im Winter wärmte man die Gewächshäuser mit Pferdemist auf, der an den Wänden aufgeschichtet wurde. Wenn es dann kälter wurde, kam eine Warmwasserheizung dazu. Erste Früchte waren dann schon ab April zu ernten. Am ursprünglichen Ort der Küche gleich hinter der Grotte gibt es heute wieder eine »Schlossküche«, erbaut zur Weltausstellung EXPO 2000. In Anknüpfung an die Tradition hat man auch wieder einen Feigengarten unter Glas angelegt, in dem die Feigenbäume überwintern.

Die zeitgemäße rechteckige Architektur der Schlossküche ist vom klaren Formenkanon des barocken Gartens inspiriert und korrespondiert gut mit dem Foyer von Arne Jacobsen. Große, grüne Glasflächen vermitteln Leichtigkeit und Transparenz. In der Saison sind die Terrasse und der Biergarten zwischen den Feigenbäumen sehr beliebte Aufenthaltsorte – sie ermöglichen einen schönen Blick auf die Rückseite der Grotte. Steht man auf deren Dach, kann man

Diese drei Erdgewächshäuser stammen aus der Mitte des 19. Jahrhunderts.

Versuchsäpfel
Bitte nicht
abpflücken !
Säulenapfel
'Polka'

das mit grünen Glasscherben bedeckte Dach der Schlossküche sehr schön von oben betrachten.

Wer ein Souvenir erwerben oder eine in Herrenhausen gezogene Pflanze kaufen möchte oder wer einfach nur Informationen sucht, findet all dies am Eingang der Gärten im *Info-Pavillon*.

Edel: Das Hardenbergsche Haus

Nur wenige Häuser aus der Barockzeit haben den Krieg überlebt. Das Hardenbergsche Haus gehört dazu. 1747 wurde es als repräsentativer Dienstsitz für Friedrich Karl von Hardenberg – er war 35 Jahre lang Direktor der königlichen Schlösser und Gärten – erbaut. Hardenberg, der den Berggarten auch als Ort botanischer Experimente etablierte, gilt als einer der ersten Aufklärer in Hannover. Von ihm stammt der heute noch gültige Gedanke: »Nur ein Mensch, der die Welt gesehen hat, der befreit ist von primitiven Vorurteilen, kann vernünftig über alle Dinge urteilen.« Diese Vernunft schätzte auch König Georg II., er anerkannte Hardenberg als politischen Berater.

Das Hardenbergsche Haus war ebenso luxuriös wie kunstvoll eingerichtet. Im 19. Jahrhundert wohnten hier Militärs, als Hannover von den Franzosen besetzt wurde, der General Mortier, dann General Bernadotte, Marschall Napoleons, später König von Schweden und Norwegen. Von 1866 bis 1937 unterhielten die Welfen es als Familienmuseum. Nach dem Zweiten Weltkrieg nutzte es die Stadt als Standesamt.

Repräsentativer Veranstaltungsort: das Hardenbergsche Haus

Erst im Jahr 2000 knüpfte das Haus an seine klangvolle Geschichte an, wurde wieder zum repräsentativen Veranstaltungsort – ganz im Sinne von Hardenberg, der die Begegnungen und den Austausch mit Wissenschaftlern, Denkern und Künstlern besonders schätzte. Das Hardenbergsche Haus enthält heute eine einzigartige Bibliothek über Gartengeschichte und Gartenkunst. Der obere Salon bietet einen eindruckvollen Blick über den Garten.

Das Haus ist repräsentativ eingerichtet – mit Damast bespannte Wände, wuchtige Clubsessel, komfortable Sofas schaffen eine vergleichsweise private Atmosphäre für Empfänge, Tagungen, Vorträge und Diskussionen, für die das Haus gemietet werden kann.

Das Fürstenhaus

Auch Prinz Charles und Lady Di waren schon einmal hier. Verwandtenbesuch, denn das Fürstenhaus gehörte damals Prinz Ernst August von Hannover, der auf der Liste für die britische Thronfolge stand. Nun gab es einen Generationswechsel, seit 2005 ist sein ältester Sohn Prinz Ernst August dem Fürstenhaus in Herrenhausen verpflichtet. Seit 1955 hat das Herrenhausen-Museum zehn Erdgeschossräume belegt (Besichtigung nach Voranmeldung und in Gruppen).

Gezeigt werden in den mit Möbeln, Gemälden und Porzellan voll eingerichteten Räumen die Marmorbüste von Wellington (dem Sieger über Napoleon bei Waterloo), Kostproben der Collagenkunst der Prinzessinnen oder auch der Gothaische Genealogische Hofkalender, die Porträtsammlung des Königshauses, kostbare Skulpturen aus dem Besitz der Welfen. Besonders wertvoll ist die Herzberger Ledertapete. In der Okkupationszeit soll hier mächtig gezockt worden sein, davon zeugt ein »Spielzimmer« mit einem zusammenklappbaren Spieltisch, um den acht reich verzierte Stühle gruppiert sind. Und dann gibt es noch ein Exponat, bei dem jeder Besucher schmunzeln muss: ein recht indiskretes Gemälde, das die Mutter von Kurfürstin Sophie bei der Toilette zeigt, die dritten Zähne liegen auf dem Frisiertisch.

Dieses 1721 erbaute »Delitzsche Palais« war ein königliches Geschenk von Georg I. an seine Tochter Gräfin Louise von Delitz (eine der drei Töchter aus der Beziehung mit der Mätresse Melusine Gräfin von der Schulenburg). Im Garten gibt es eine kleine Fontäne, die mit königlicher Erlaubnis aus dem Wasserreservoir des Großen Gartens gespeist wurde. 1836 ging das Palais in den Besitz des Königs über und wurde für königliche Gäste eingerichtet. Spätere Königinnen wie Louise und Friederike verbrachten hier ihre Mädchenzeit. 1864 erhielt es von Georg V. den hofamtlichen Namen Fürstenhaus.

Kleinod unter freiem Himmel: der Garten des Hardenbergschen Hauses

Seit 1955 hat das Herrenhausen-Museum zehn Erdgeschossräume des Fürstenhauses belegt.

Feste feiern

Herrenhausen war immer ein Ort für Feste, Maskeraden, Feuerwerk, Karneval und Konzerte. Schon 1684 wurde hier die Hochzeit der Prinzessin Sophie Charlotte mit dem Kurprinzen von Brandenburg – später König Friedrich I. von Preußen – mit einem rauschenden Fest gefeiert, mit Komödien, Fackeltänzen und Ballett. Am Tag danach stieg unter Kanonendonner das »Entrée solennelle« des Hofes: 200 adlige Reiter, drei Kavallerieregimenter, geleiteten die 80 Karossen mit Pauken und Trompeten durch die Stadt.

An die Tradition dieses besonderen Fest-Ortes knüpfen renommierte Veranstaltungsreihen an: die Festwochen

Kleinkunst in höchster Qualität: das »Kleine Fest im Großen Garten«

Kleines Fest (Seite 83) und festlich illuminierter Großer Garten (Seiten 84/85)

Jeden Sommer findet in Herrenhausen der Internationale Feuerwerkswettbewerb statt.

Spektakulär: Feuerwerk über dem illuminierten Großen Garten

Herrenhausen mit Herrenhausen Barock, dem Kleinen Fest im Großen Garten, dem Musiksommer Herrenhausen und im Winter den Winterfestwochen mit verschiedenen Varietées. Im Sommer wird man hier in die glanzvolle Zeit des Barocks entführt, kann höchste Kunst in höchst kunstvoll gestalteter Umgebung genießen – im Garten und in seinen Gebäuden als schönster Bühne.

Schon im August 1736 beispielsweise wurde eine prächtige Maskerade veranstaltet, der Garten mit mehr als 2 000 Lampen illuminiert und der Tanz dauerte bis vier Uhr morgens. Sich bis zum Morgengrauen zu amüsieren, das geht heute nicht mehr. Aber bis Mitternacht darf's schon sein. Etwa beim ***Kleinen Fest im Großen Garten*** mit seinen Gauklern, Artisten und Komödianten, Flamencotänzern und Puppenspielern. Die vier Stunden Kleinkunst in höchster Qualität, passgenau in den botanischen Formen des Gartens, vergehen nahezu unmerklich. Zum krönenden Abschluss rauscht jedes Mal ein barockes Feuerwerk in die Luft – stilecht farblos, denn im Barock wusste man noch nicht, wie man farbiges Feuer erzeugen konnte. Danach ist der Garten stets wunderbar illuminiert.

Zu kurfürstlichen und königlichen Zeiten wurden dafür eigens tausende kleine Ölleuchten aus Zinn, farbige Lampions und Fackeln angezündet. Seit 1937, als ein Kraftzentrum für die Erzeugung von Elektrizität in der Nordwestecke des Gartens ausgebaut wurde, ist das sehr viel einfacher: das Umlegen eines Schalters erleuchtet den Garten.

Herrenhausen Barock eröffnet in jedem Jahr die Musiksaison der Festwochen Herrenhausen. Im Festsaal der Galerie, in dem auch Händel, der Hofkomponist von Georg I. und Georg II., musiziert hatte, spielen international renommierte Ensembles und Solisten wie Ton Koopman, die Academy-St.-Martin-in-the-Fields oder seinerzeit auch Yehudi Menuhin. Viele der Programme sind auf den Ort abgestimmt, an dem sich Sophie Charlotte, die kunstsinnige Tochter von Kurfürstin Sophie, an der Musik ihrer Zeit erfreute. Besonders schön klingen hier die Countertenöre (Männer, die mit der Stimmhöhe der Frauen singen), deren Stimmen die besondere Akustik des Saales Fülle und Kraft verleiht. Realisiert werden auch ambitionierte Opernprojekte, die mit ihren Inszenierungen in den barocken Rahmen eingefügt werden, wie Opern von Händel (»Orlando«) oder Mozart (»Hochzeit des Figaro«). Übrigens fand hier in der Galerie Deutschlands erste Opernaufführung nach dem Zweiten Weltkrieg statt.

Jahr für Jahr steigt in Herrenhausen in den Sommermonaten im Großen Garten, ganz passend zur barocken Tradition der Anlage, der ***Internationale Feuerwerkswettbewerb*** mit Teilnehmern aus Deutschland, Italien, Russland, Japan, China …

Nicht ganz so spektakulär, aber ebenso stimmungsvoll ist die ***Illumination*** des Gartens, die nicht nur nach den Konzerten den Großen Garten erleuchtet, sondern auch von Anfang Juni bis Anfang September an ausgewählten Tagen und zu später Stunde für den normalen Gartenbesucher.

Illuminiert wirken Fontänen und Skulpturen wie aus flüssigem Gold.

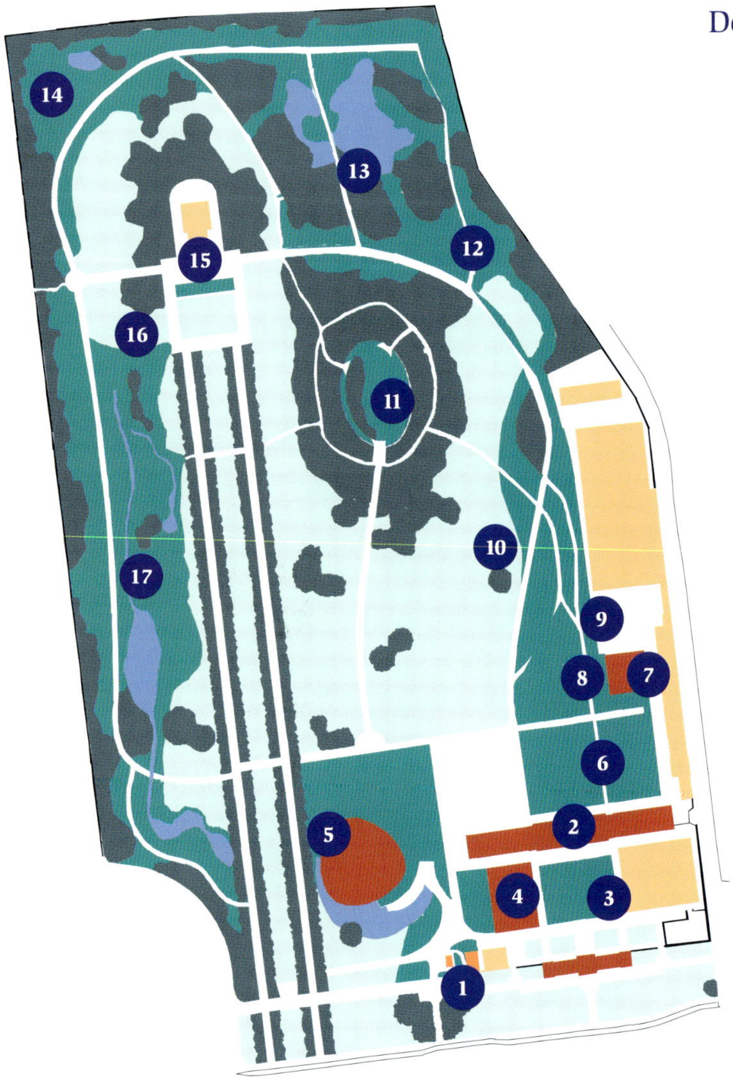

Der Berggarten

1 Kasse Berggarten
2 Orchideenschau, Wüstenpflanzen und Tropischer Wintergarten
3 Schmuckhof und Subtropenhof
4 Amerikanische und afrikanische Wüstenpflanzen
5 Regenwaldhaus
6 Iris-, Stein- und Pergolagarten
7 Kanarenhaus und Wüstengarten
8 Steppengarten
9 Schmuckstauden
10 Prärie
11 Paradies
12 Rhododendrenhain
13 Moor
14 Heide
15 Mausoleum
16 Blumenwiese
17 Staudengrund

Die andere Natur: Der Berggarten

Dem Großen Garten gegenüber liegt der Berggarten und bildet seinen Gegensatz: Hier sitzt die Natur auf dem Thron. Um die pure Schönheit der Pflanzen selbst geht es im Berggarten, nicht um eine abstrakte Schönheit, die mit Hilfe von Pflanzen geschaffen wird.

Zu Anfang ging es im Berggarten ganz zweckmäßig nur um nützliche Pflanzen, nämlich für den Tisch des Herrschers. Einen Sandberg, eine mächtige Sanddüne ließ Herzog Johann Friedrich 1666 von seinem Gärtner Michael Grosse abtragen, um einen Küchengarten anlegen zu lassen. Im Sommer sollte hier gezogenes frisches Obst und Gemüse die fürstliche Tafel bereichern. Um den lästigen Flugsand von der 8500 Quadratmeter großen Fläche zu vermeiden, wurden eine Backsteinmauer angelegt und eine Lindenallee gepflanzt.

Aber der erste Gemüsegarten reichte dem ästhetischen Empfinden des Herrschers nicht aus. Also engagierte man den professionellen Gemüsegärtner Jean de la Quintinye aus Frankreich, der für den »Sonnenkönig« Ludwig XIV. arbeitete und einer der Urväter der Pomologie, der Obstkunde, war, um den Berggarten ein wenig dem Vorbild des Gemüsegartens von Versailles anzugleichen. Auch Obst und Gemüse wurden nach formalen Gesichtspunkten gepflanzt und der Garten vergrößerte sich auf 30 000 Quadratmeter. Die dann 1677 vom Hofgärtner Henry Perronet ganz streng auf formalen Barock getrimmt wurden. Auch im Berggarten gab Kurfürstin Sophie Impulse für die Entwicklung. Sie interessierte sich sehr für fremdartige Pflanzen, spendierte Teile ihres Nadelgeldes für den Ankauf von seltenen Gewächsen, der Bestand wuchs langsam heran.

Die botanischen Kenntnisse waren in jener Zeit noch nicht so weit fortgeschritten wie heute, und man versuchte sich an vergleichsweise absurden Pflanzprojekten. So sollte 1686 in Herrenhausen der Reisanbau etabliert werden. Dafür holte man extra den venezianischen (!) Reisbauern Georg Pincelli nach Hannover. Zwei Jahre vergebliche Bemühungen – dann wurde der Versuch aufgegeben, es war einfach zu kalt.

Mit Tabak ging es später etwas besser. Und ein echter ökonomischer Erfolg war die Pflanzung von Maulbeerbäumen. Von deren Blättern ernährten sich die Seidenraupen. In Hameln hatten sich Hugenotten niedergelassen und eine Seidenmanufaktur gegründet. Eine Idee von Leibniz. Graf Mocenigo aus dem berühmten venezianischen Adelsgeschlecht schickte aus der Lagunenstadt die »Samen der Seidenraupen«, und die große Maulbeerplantage im Berggarten fütterte 100 Jahre lang die Seidenraupen von Hameln – bis Napoleon die Manufaktur schloss, um den französischen Herstellern lästige Konkurrenz zu nehmen.

Ab 1750 gab es kein Gemüse mehr aus Herrenhausen, der gesamte Anbau, auch von Obst, wurde in den Küchengarten ins nahe Linden verlagert. Der Berggarten sollte nur noch höheren Zwecken dienen, Pflanzen ausschließlich nach botanischen Kriterien angeschafft und gesammelt werden. Ein großes Glashaus (sechs mal 36 Meter groß, sieben Meter hoch) entstand für wärmebedürftige exotische Pflanzen.

Kleine Kuriosität am Rande: Ins Fundament des Hauses mischte man Buttermilch, die Masse wurde hart wie Beton. Als nach dem Zweiten Weltkrieg die Überreste beseitigt werden sollten, versagten selbst Presslufthammer.

1757 baute man das erste Ananas-Haus – die Ananas durfte als Prunkobjekt auf keiner Tafel fehlen. 1774 wurde im Berggarten eine Parklandschaft von botanisch außergewöhnlicher Vielfalt angelegt, entworfen von Franz Friedrich Wundram. Das Gewächshaus erhielt eine Rauchkanalheizung und eignete sich damit auch für Pflanzen aus Südafrika und Australien.

Ein Schüler des großen Botanikers Carl von Linné, Friedrich Ehrhart, verfasste 1790 einen Katalog über den gesamten Pflanzenbestand. 1795 wurde Johann Christoph Wendland Gartenmeister, später stieg er zum Garteninspektor auf. Über drei Generationen sollte sich seine Familie um den Berggarten kümmern. Wendland nahm sich der Pflanzen auch wissenschaftlich an, kolorierte eigenhändig Kupferstiche und gab 176 Pflanzen ihren botanisch gültigen Namen. Welchen Rang die Familie den Pflanzen einräumte, zeigte Sohn Heinrich Ludolph (1792 in einer Wohnung neben dem gläsernen Gewächshaus geboren), der 1815 nach England reiste, um die Schäden in Hannover, die durch die napoleonische Besatzung entstanden waren, mit Hilfe der Londoner Kew Gardens beheben zu können. Aus England wurden die von den Welfen ausgelagerten Schätze zurück gebracht, Gemälde, Silber, Antiquitäten – vom Gärtner ergänzt durch 18 Körbe mit 300 verschiedenen Pflanzen. 1829 traf der Vielgereiste, der nach Prag entwichen war, um sich vor dem Militärdienst in den Truppen Napoleons zu drücken, die Nachfolge seines Vaters an. In jener Zeit gab es schon eine Warmwasserheizung in den Glashäusern – eine für damalige Verhältnisse moderne Möglichkeit, Exoten aus feuchtwarmen Klimazonen auch in Europa zu halten. Unter Heinrich Ludolph Wendland wurden viele neue Gewächshäuser gebaut, und er war es auch, der die Palme nach Herrenhausen brachte, 1834 die ersten 21 Exemplare. Er sammelte sie in ganz Europa zusammen, zwanzig Jahre später wuchsen 224 Palmenarten in Herrenhausen, es war die umfangreichste, vielfältigste und wertvollste Sammlung des Kontinents.

Was im Barock die Orangerie war, war in der Romantik das gläserne Gewächshaus, das die strenge Form des Klassizismus mit einer durchdachten Funktion verband. Georg Ludwig Friedrich Laves (1788 bis 1844), der führende Architekt des Königreiches Hannover, hat das erste Palmenhaus entworfen, das 1849 eingeweiht wurde, genau am Geburtstag der Tochter des Gärtners, die dann auch die erste Palme pflanzen durfte. Der früheste, allerdings nicht realisierte Plan von Laves war gewaltig. Geplant hatte er

1849 entstand das erste Palmenhaus von Georg Ludwig Friedrich Laves, das 1880 durch einen 30 Meter hohen Neubau ersetzt wurde.

Seiten 94/95:
Die über 100 Jahre alte Süntelbuche beansprucht 750 Quadratmeter Platz im Staudengrund.

zunächst gleich zwei Palmenhäuser, ein Orchideenhaus, ein Erikenhaus, ein Kamelienhaus, ein Kakteenhaus und mehrere Ananashäuser, Häuser für tropische Pflanzen, für neuholländische Pflanzen, zur Pflanzenzucht und zur Blumentreiberei. Aus finanziellen Gründen wurden sie jedoch nicht gebaut.

1859 wurde Wendland-Sohn Hermann (1825 gartennah geboren im Bibliothekspavillon) Hofgärtner. Auch er war ziemlich reisefreudig, sammelte tropische und subtropische Pflanzen in Mittelamerika, ritt mit dem Maultier durch Costa Rica (wo er einen »Wetteifer von Formen ausmacht, der ans Fabelhafte grenzt«), um an besondere Stücke für die hannoverschen Gewächshäuser zu kommen. Er brachte das Usambaraveilchen und die Flamingoblume nach Europa und galt als der beste Palmenkenner des Kontinents, er gab 129 Palmen ihren Namen.

Herrenhausen hatte aber nicht nur den besten Palmenkenner, sondern auch die höchste Palme Europas. 1826 kam die Livistona australis in zarter Höhe von 50 Zentimetern nach Hannover, 1849 wurde sie ins Laves-Gewächshaus umgesiedelt und wuchs und wuchs und wuchs – bis ans Dach. Erster Kniff, die Gärtner gingen in die Tiefe, senkten den Kübel immer weiter ab bis in Grundwasserhöhe. Was natürlich nur eine gewisse Zeit lang half. 1920 war sie 120 Jahre alt, 32 Meter hoch und wurde kurzerhand abgesägt. Ein Teil des Stamms wird heute im Landesmuseum aufbewahrt.

Die Gründerzeit war auch eine Zeit des Aufbruchs, der Technikgläubigkeit und der Freude an der Entdeckung der letzten unerforschten Bereiche der Erde. Und das trieb die Hannoveraner zu einem weiteren Europarekord: 1880 entstand das Große Palmenhaus (Architekt: Richard Auhagen), mit 30 Metern das höchste des Kontinents, gleichzeitig technisches Wunderwerk und künstliches Paradies aus Eisen und Glas. Mit Wasserfontänen, Ventilatoren und Galerien voller alter Affenbrotbäume, mit Drachen- und Schraubenbäumen, Bananen und Kaffeebüschen zwischen Bambus und Zuckerrohr, alles umgeben von wild rankenden Vogelkopflianen. Dieser Bestand wurde laufend ergänzt und bereichert, 1912 beispielsweise durch tausend kostbare Orchideen, die der Berliner Forscher Rudolf Schlechter von einer Neuguinea-Expedition mitgebracht hatte.

Manche der Pflanzen bekamen königliche Reverenz: Friedrich Wilhelm IV. von Preußen kam 1851 auf Einladung des hannoverschen Königs Ernst August in die Leinestadt, um sich die ersten blühenden Wasserköniginnen des Amazonas anzusehen, 50 Seerosen mit 30 bis 40 Zentimeter großen weiß-roten Blüten – von denen jede einzelne nur je zwei Tage blühte – und zwei Meter großen Tellerblättern auf der Wasseroberfläche. Die Seerosen waren so wertvoll, dass sie 1905/06 ein eigenes, nach ihnen benanntes Gebäude bekamen, das Victoria-Regia-Haus für die größte Wasserrose der Welt. Damit die sich so richtig wohl fühlte, wurde das Wasser ständig mit 25 Grad temperiert.

Anfang des 20. Jahrhunderts war es mit der Pracht der Pflanzen vorbei, man hatte nach dem Krieg und in Inflati-

Mammutblatt im Staudengrund

onszeiten andere Sorgen und kein Geld mehr für die Unterhaltung, vor allem nicht für die Heizung der Gewächshäuser. Eines nach dem anderen wurde stillgelegt, bis nur noch das Große Palmenhaus genutzt blieb. Die Bürgerinitiative »Rettet die Herrenhäuser Gärten« des Heimatbundes Niedersachsen bewahrte die letzten Exoten. Ein wenig besser wurde es, als 1936 die Stadt den Berggarten kaufte. Eine letzte große Außenanlage entstand, ein Sumpfgelände mit Weiher und eine Heidelandschaft.

Dann kam der Zweite Weltkrieg, und der Berggarten wurde erneut zu einem von den Gründervätern nicht beabsichtigten Zweck genutzt, produzierte Obst, Gemüse und Kräuter für die umliegenden Krankenhäuser und Lazarette. 1944 traf ihn der schwerste Schlag: 111 Bomben gingen auf die Herrenhäuser Gärten nieder, verwandelten den Garten in ein Trümmerfeld, zerstörten bis auf eines alle Gewächshäuser. Die überlebenden wertvollen Pflanzen wurden im Victoria-Regia-Haus versammelt und überstanden trotzdem den Krieg nicht. Soldaten der britischen Besatzungstruppen warfen einige Granaten ins Haus und zerstörten es vollständig.

Auch die Gärten haben ihre Stunde Null, und der Wiederaufbau in der unmittelbaren Nachkriegszeit liest sich wie ein Krimi – mit Schwarzmarkt und Schieberei, um Heizmaterial und Baustoffe zu organisieren. Schon 1946 blühte die erste Orchidee mit dem schönen Namen Paphiopedilium maudiae, langsam füllte sich das erste Gewächshaus,

Bromelien im tropischen Wintergarten

Unter 16 Meter hoher Kuppel: das Sea-Life Hannover

Im Subtropenhof (Seite 100) und im Rhododendronhain (Seite 101)

Unzählige Arten und Formen: Kakteen und Agaven im Kakteenhaus

Auch der so genannte »Schwiegermuttersitz« fehlt hier nicht.

das von den Hannoveranern den Kosenamen »Klein Mexiko« bekam. Danach begann eine stetige Erweiterung. 1958 kamen drei neue große Schauhäuser für Tropenpflanzen, Kakteen und Orchideen hinzu, 1984 eines für die Pflanzen der Kanarischen Inseln. Nach 1996 legte man einen naturnahen Präriegarten und einen Garten der Felssteppe an.

Im Jahr 2000 eröffnete das ***Regenwaldhaus***, genau an der Stelle des zerstörten Großen Palmenhauses, ein architektonisch gewagter Entwurf des britischen Duos Gordon Wilson und Ray Hole, von ihnen stammt ganz passend auch das »Princess of Wales Conservatory« in den Londoner Kew Gardens. Entstanden ist ein 16 Meter hoher transparenter Dom mit Platz für ein großes Sea-Life-Aquarium, in dem jetzt Unterwasserwelten gezeigt werden.

Heute hat der Berggarten mehr als 11 000 verschiedene Pflanzenarten. Darunter ist auch ein Heiliger Feigenbaum

500 bis 1 000 farbenfrohe Orchideen blühen ständig im Orchideenhaus.

300 Quadratmeter tropische und subtropische Pflanzenwelt bietet der Tropische Wintergarten.

– unter so einem soll Buddha gesessen haben, bis ihm die Erleuchtung kam. Genau sieben Tage hat das gedauert. Und über den ganzen Reichtum wachen zwei Furcht einflößende Schutzgötter aus Vanuatu (Südpazifik), ein Geschenk zur Weltausstellung EXPO 2000.

Hier ein kleiner Überblick über die verschiedenen Schauhäuser: Im ***Orchideenhaus*** blühen ständig zwischen 500 und 1 000 Orchideen in der Kulisse tropischer Sträucher und Bäume – die größte Dauer-Orchideenausstellung Europas. Besonders schön ist es abends, wenn es draußen dunkel ist und die Pflanzen ausdrucksvoll angeleuchtet werden. Orchideen wurden in Herrenhausen früh gesammelt, schon Mitte des 19. Jahrhunderts holte der Gärtner Hermann Wendland unzählige Exemplare aus den Wäldern Mittelamerikas.

Der ***Tropische Wintergarten*** (300 Quadratmeter tropische und subtropische Pflanzenwelt) zeigt die große Vielfalt

der Bromelien, tropischen Nutzpflanzen, wie Kaffee und Kakao, und die Urformen vieler bekannter Zierpflanzen, wie Usambaraveilchen, Weihnachtsstern und Flamingoblume.

Das stachelige Universum umfasst 2 400 verschiedene Kakteen- und mehr als 1 000 weitere Sukkulentenarten. Die Königin im ***Kakteenhaus*** ist ein Schlangenkaktus, der nur einige Nächte seine riesigen weißen, duftenden Blüten entfaltet: eine wahre Königin der Nacht. Die aus Amerika stammenden pflanzlichen Wasserspeicher blühen vorwiegend im Mai und Juni, die Aloe aus Afrika dagegen im Winter. Das ***Kanarenhaus*** (auch Kleines Schauhaus) ist der Pflanzenwelt der Kanaren gewidmet, zeigt Drachenbaum, Atlantischen Dachwurz, Kanarischen Lorbeer – Pflanzen, die als Überlebende der Eiszeit gelten. Von Mitte Januar bis in den Mai hinein lohnt der Besuch besonders, durch die zunehmende Sonneneinstrahlung setzen die Pflanzen starke aromatische und ätherische Öle frei, die sich wohltuend aufs Atemsystem auswirken sollen.

Eine besondere Attraktion sind die Themengärten: Im ***Irisgarten*** blühen mehr als 200 verschiedene Schwertlilien, Zweigiris (ab April), Kleiniris (ab Mitte Mai), hohe Bartiris (bis Juni). Und auch danach begeistern zahlreiche graulaubige Stauden und unterschiedliche Gräser. Den alpinen Gebirgspflanzen, die die karge Bergwelt beleben, ist der ***Steingarten*** gewidmet, der 1961 angelegt wurde. Die Steine sind um 25 Grad geneigt, um den Bergcharakter zu betonen. Ein kleiner ***Senkgarten*** behütet von allen Seiten empfindliche Kletterpflanzen wie das Wildalpenveilchen. Der ***Pergola-Garten*** – mit einem fünfeckigen Wasserbecken samt Wasserhyazinthen – ist ein kleines Raritätenkabinett mit seltenen Gewächsen aus dem Mittelmeerraum und auch aus Neuseeland. Zwischen Mitte Mai und Juni steht hier die schönste aller heimischen Orchideen in voller Blüte: der Frauenschuh.

Pflanzen verschiedener Klimazonen und Kontinente, die es schön trocken lieben, fühlen sich im ***Wüstengarten*** wohl. Feigenkakteen, Lewisien, Moskitogras stammen aus winterkalten Wüstengebieten und halten in Hannover auch im Freien aus. Andere, wie Elefantenfußbäume, Agaven oder Zwergpalmen, müssen für den Winter in Gewächshäuser umziehen. Im Sommer blühen hier farbige Wüstenblumen, Goldmohn oder Mittagsblumen. Steppen sind im Sommer sehr trocken und haben im Winter normale Feuchtigkeit, Pflanzen aus diesen Zonen beherbergt der ***Felssteppengarten***, so Steppenkerzen, Blaurauten, Ochsenzungen, Königskerzen, Steinkraut – ein Garten für die Freunde bizarrer Pflanzenformen.

Ein kleines Stück nordamerikanischer Prärie: 1996 wurden 5 000 Quadratmeter naturnaher Graslandschaft angelegt – Deutschlands erster ***Präriegarten*** zeigt vor allem Stauden aus dem großen US-Steppengebiet. Viele Samen sind aus botanischen Gärten der USA eingeführt worden. In jedem Spätsommer steht die Prärie in voller Pracht. Das Besondere: Während in der echten Prärie die Gräser vorherrschen, sind es hier die Stauden, ausgewählt vom Staudenspezialisten Hans Simon, Erfolgsautor von Gartenbüchern.

Magnolien im Paradies

Steinvase am Pergola-Garten (Seite 106) und Azaleenblüte im Paradies (Seite 107)

Die Mitte des Paradieses bildet ein Oval aus Schneeheidepflanzen.

Der Staudengrund (Seite 109) und die Heide mit Gespensterwacholder (Seiten 110/111)

Im Felssteppengarten (Seite 112) und am Moorweiher (Seite 113)

Das *Paradies* entstand 1834, als dieser Themengarten mit Magnolien, japanischen Azaleen und Rhododendren angelegt wurde. Die Mitte ist ein Oval aus tausenden Schneeheidepflanzen, die im Frühjahr einen dichten roten Blütenteppich bilden. An den Seiten stehen eine 150 Jahre alte Sumpfzypresse und ein noch älterer Ginkgo (Fächerblattbaum). Der Hofgärtner Heinrich Wendland hatte den Auftrag, hier ein Denkmal zu Ehren der Dichter und Denker zu errichten. Und da ein Monument aus Stein in eine lebendige Pflanzenwelt einfach nicht gepasst hätte, wächst eine Sumpfzypresse für Alexander von Humboldt und ein Ginkgo für Johann Wolfgang von Goethe – der Lieblingsbaum des Dichters.

Die Anlage der *Ziergehölze* bietet die einzigartige Möglichkeit, seltene Gehölze wie Libanonzeder, Sicheltanne, japanische Rotkiefer oder den Mammutbaum in voll ausgewachsener Form zu vergleichen, ihren Blattschmuck, die verschiedenen Rinden. Und keine Angst, die Knüppeldämme sind ein sicherer Weg über das Moor: 1961 wurde der *Moorweiher* angelegt, mit Neustädter Moorerde ausgekleidet und mit Wasser aufgefüllt. Moorlilien, Rosmarinheide, Moosbeeren und Lorbeerrose wachsen hier.

Die *Heide* mit ihrem violettrosa Blütenteppich ist die typischste aller norddeutschen Landschaften. In dieser der Lüneburger Heide gewidmeten Anlage findet man Wacholder, Birke, Besen- und Glockenheide. Und wenn man sich recht still verhält, kann man die Eichhörnchen beobachten, die auch diesen Teil des Gartens mit seinen Eichen besonders mögen.

Ein Gespenst liegt im Berggarten, es ist die 100 Jahre alte *Süntel- oder Gespensterbuche*, die satte 750 Quadratmeter Platz im Staudengrund beansprucht. Ein bizarres Schauspiel, wenn unzählige Äste abgeknickt und verdreht nicht nur in die Luft, sondern auch dem Boden entgegen wachsen, manchmal in ihn eintauchen und an anderer Stelle wieder hervor kommen – und einen 33 Meter langen Laubengang fest umschlungen halten, der durch das stählern wirkende Holzgewirr getrieben wurde.

Auf 20 000 Quadratmetern symbolisiert der *Staudengrund* die natürliche Vegetation Niedersachsens, aber nicht nur mit heimischen Pflanzen. Es ist eine der ältesten Staudenpflanzungen Europas. In diesem Gartenteil stehen auch einige Baumraritäten, wie die älteste Gurkenmagnolie Deutschlands, die 1794 gepflanzt wurde und sechs bis acht Zentimeter lange Fruchtgurken trägt. Der echte Tulpenbaum aus Nordamerika zeigt im Juni hunderte von cremefarbenen, tulpenförmigen Blüten und im Herbst dann seine Blätter in leuchtendem Gelb.

Er sieht aus wie ein kleines Schlösschen, der *Bibliothekspavillon* an der Südseite des Berggartens, der 1817/19 nach einem Entwurf von Hofbaumeister Laves gebaut wurde und in dem heute die Gartenverwaltung sitzt. Charakteristisch bei diesem klassizistisch interpretierten Rokoko-Bau ist die runde Halle im quadratischen Mittelbau mit hellgrauem

Ab Mai zieren tausende Sommerblumen den Schmuckhof hinter dem Bibliothekspavillon (im Hintergrund rechts).

Marmorstuck im oberen Stockwerk – von hier bietet sich ein sensationeller Blick in die Herrenhäuser Allee. Das wertvolle Parkett in Nußbaum und Ahorn hat passenderweise in der Mitte Pflanzenornamente. Im Erdgeschoss steht ein filigranes Modell des Großen Gartens, das einen anschaulichen Überblick gibt und bei dem sogar mit einem kleinen Federbusch das hochspritzende Wasser der Fontäne nachgebildet ist. In den bescheidenen Seitentrakten wohnten seinerzeit die Gärtner und lange war hier – daher der Name – die wertvolle botanische Bibliothek aus dem Nachlass von Johann C. Wendland untergebracht.

Vor dem Bibliothekspavillon liegt der *Schmuckhof* mit der Horizontalsonnenuhr von J. W. Rowley, eine Rekonstruktion, die die Zeit bis auf die halbe Minute genau anzeigt. Man muss sich allerdings ein wenig Mühe geben, um sie zu lesen. Umgeben ist der Zeitmesser von geometrisch angelegten farbenfrohen Sommerblumenbeeten.

Ein paar Stufen führen neben dem Schmuckhof hinunter in die *Erdgewächshäuser für Wüstenpflanzen*, in denen nur in Amerika heimische Kakteen sowie Wolfsmilchgewächse aus den Steppen und Wüsten Afrikas in angemessener Trockenheit leben. Hinter einer roten Ziegelsteinmauer im Subtropenhof werden im Sommer Kübelpflanzen gezeigt. Früher befand sich hier einmal der Privatgarten für die Gärtner, die im Bibliothekspavillon wohnten. Im Hof ist auch ein Brunnen aus der ehemaligen Schlossküche zu sehen. Jedes Jahr im Mai verlassen hunderte von Kübelpflanzen ihr Winterquartier, zwischen Bibliothekspavillon und Schauhäusern säumen sie die Wege. Die drei Überwinterungshäuser befinden sich westlich des Großen Gartens. Dicht an dicht gestellt warten sie aus den Frühling.

Das Mausoleum wurde 1842 bis 1847 im Berggarten für Königin Friederike und König Ernst August erbaut.

Ruhe sanft: Das Mausoleum

Mächtige Steineichen umrahmen königliche Ruhe, auch die von Englands einzigem König seit dem Mittelalter, der außerhalb der Insel bestattet wurde: Georg I. liegt im Mausoleum, das für Königin Friederike und König Ernst August 1842 bis 1847 nach den Plänen von Hofbaumeister Laves errichtet wurde. Vier dorische Säulen tragen einen Deister-Sandstein-Portikus.

Die Heranschaffung der Eichen muss ein beeindruckendes Bild ergeben haben: Es sollten Stieleichen her, so groß wie möglich, egal woher, forderte der König. Und es begann eine zwei Jahre währende Staatsaktion: 36 Stück, immerhin 13 bis 15 Meter hoch, wurden im Forst Cananohe nördlich von Hannover ausgemacht, die Wagen für den Transport extra konstruiert, 16 Pferde brauchte es, um sie zu bewegen.

Und damit die Kronen der Eichen nicht in Gefahr gerieten, beschädigt zu werden, wurden die Eichen aufrecht stehend (!) transportiert, Brücken mussten für die schwere Fracht verstärkt, Bäume an den Straßen gekappt werden. 30 dieser Eichen stehen heute noch. Die holländischen Lin-

Nur die historische Abbildung erlaubt einen Blick ins Innere des Grabmals.

den, die in vier Reihen zum Mausoleum führen, sind viel älter, sie stammen von 1727.

Hinter den schweren Türen des Grabmals herrscht absolute Stille. In der Gedächtnishalle der Gruft stehen zwei Sarkophage aus weißem Carrara-Marmor mit Nachbildungen des königlichen Paares von Christian Daniel Rauch (1777 bis 1857), einem der bedeutendsten Bildhauer des deutschen Klassizismus, und seinen Schülern Wolf und Heinrich Hesemann. Geschmückt werden die Sarkophage von vier kleinen betenden und singenden Engeln. In einem ruht Königin Friederike, schmal und schmächtig ist sie auf dem Sarkophag dargestellt, jugendlich mit dem Gesicht ihrer Auferstehung. König Ernst August legt Kopf und rechten Arm zur Seite, die linke Hand ruht auf seiner Brust.

Nach dem Umbau des Leineschlosses wurden acht weitere Angehörige aus der Schlosskirche nach Herrenhausen überführt, darunter auch die Kurfürstin Sophie und ihr Sohn, Kurfürst Georg Ludwig, zugleich König Georg I. von England. Aus Pietätsgründen darf das Mausoleum nicht besichtigt werden.

Vier dorische Säulen tragen den Deister-Sandstein-Portikus des Mausoleums.

Der Georgengarten

Hier würde sich auch der englische Landadel heimisch fühlen. Genutzt wird der große Georgengarten für die eher formlosen Vergnügungen - Grillen, Picknicken, Fußball- und Badmintonspiel oder um einfach nur in der Sonne zu liegen. In den besser temperierten Monaten wird dieses ehemalige Überschwemmungsgebiet von den Studenten der nahe liegenden Universität als Pausenraum ohne Dach genutzt, und jedes Jahr im August für ein großes Klassik-open-Air der Chopin-Gesellschaft, an dem Tausende umsonst und draußen zu feinen Klassikklängen picknicken.

300 Jahre Geschichte stecken in dem gut 50 Hektar großen Park, einer Art Dreieck, das von der Nienburger Straße, dem Großem Garten und einem Teil des alten Leinelaufs begrenzt wird.

Etwa ab 1700 ließen hier viele Mitglieder des Hofadels ihre Landsitze errichten – um der Sommerresidenz ihres Fürsten besonders nahe zu sein. Eines der elegantesten war die »***Fantaisie***«, Lusthaus und Garten von Sophie Charlotte Kielmansegg, der Halbschwester des späteren Georg I.. Errichtet hatte es 1707 bis 1709 der französische Baumeister Louis Remy de la Fosse, der auch an der Ausgestaltung des Großen Gartens beteiligt war. Und auch hier zeigte sich die Kurfürstin Sophie kreativ, sie entwarf die Möbelbezüge für die »Fantaisie«.

Heute existieren noch die Reste einer Terrasse am alten Leinearm. Darauf standen einst die Sphinxe – die heute am Georgenpalais / Wilhelm-Busch-Museum liegen – und sahen den Gartenfesten, Komödien und Konzerten zu, die die lebenslustige Sophie Charlotte veranstaltete. Danach fiel die »Fantaisie« an den englischen Hof, wechselte häufiger die Besitzer, ging sogar, in »Monrepos« umbenannt, in den Besitz eines englischen Ministers über. Und noch eine Umbenennung – »Montplaisir« hieß das Gebäude, nachdem der damalige Hofmarschall August Wilhelm von Wangenheim es im Jahre 1756 erworben hatte. Dieser legte in seinem Garten eine bedeutende Rosensammlung an und, man möchte es seinem Herrscher ja ein wenig nachtun, pflegte auch Exoten wie Tulpenbäume und Aloe-Pflanzen.

Aus England kam Ende des 18. Jahrhunderts eine neue Gartenmode. Man wollte die Natur nicht mehr im strengen Korsett des Barockgartens erleben, sondern als einen Landschaftsgarten, als ein »begehbares Bild« ganz in der Manier romantischer Gemälde. Einer der ersten Landschaftsgärten in Deutschland entstand bei Hameln neben dem Schloss Schwöbber Otto von Münchhausens. Keimzelle des Georgengartens ist der ***Wallmodengarten***. Graf Johann Ludwig von Wallmoden-Gimborn kaufte einige der Adelsgärten zusammen und nahm die Gartenumgestaltung selbst in die Hand – eine Gartenrevolution gegen die starren Vorgaben des Barocks. Der erstaunliche Graf (»natürlicher« Sohn von Georg II. und Amalie Marianne von Wallmoden) wollte die »Natur imitieren« und »alle geraden Linien evitieren« – und öffnete seinen Garten für alle »gesitteten und gebildeten Leute«. Die Erfahrung des unverbildeten Naturschönen sollte sich auch auf die Erziehung des Menschen auswirken, sie bessern und veredeln.

Der Georgen- und der Welfengarten

1 Augustenbrücke

2 Leibniztempel

3 Georgenpalais / Wilhelm-Busch-Museum

4 Palaisgarten

Ein Palais für Max und Moritz

Im Zentrum des Wallmoden-Gartens wurde zwischen 1781 und 1796 ein Schloss, das ***Georgenpalais***, erbaut, das heute das »Deutsche Museum für Karikatur und kritische Grafik« beherbergt, dem Maler, Zeichner und Dichter Wilhelm Busch (»Max und Moritz«) gewidmet ist und ihn in einer Auswahl in einer ständigen Ausstellung präsentiert. Die Ausstellung zeigt in regelmäßigen Abständen wechselnde Exponate, denn das international renommierte Haus besitzt mit 335 Ölgemälden, 1 200 Zeichnungen nach der Natur, 50 Bildergeschichten mehr als zwei Drittel aller seiner bekannten Werke – so viele, dass sie nicht alle gleichzeitig gezeigt werden können.

Wilhelm Busch gilt als Urvater der Comic-Kunst, und deshalb sammelt das ***Busch-Museum*** auch seine Nachfolger, präsentiert eine weltweit bedeutende Sammlung satirischer Kunst aus vier Jahrhunderten mit mehr als 20 000 Blättern – von englischen Klassikern wie William Hogarth über Simplicissimus-Zeichner bis zu den wichtigen Karikaturisten der Gegenwart wie Tomi Ungerer, Manfred Deix und Jean-Jacques Sempé. Das passt zum Geist des Ortes, denn das »Lusthaus«, wie das Palais des Grafen Johann Ludwig von Wallmoden-Gimborn zuerst hieß, galt seinerzeit als ein Ort der Aufklärung. Das Busch-Museum zog 1949 ins Georgenpalais, das als Ersatz für sein im Krieg zerstörtes ursprüngliches Gebäude diente (die Bestände waren rechtzeitig in den Harz ausgelagert worden). 1965 bis 1967 wurde der 1943 von einer Bombe getroffene Westflügel rekonstruiert, zur Weltausstellung EXPO 2000 das Museum von Grund auf renoviert und mit attraktiven Schauräumen ausgestattet.

Von Anfang an beherbergte das Wallmodenschloss Kunst. Denn Graf Johann Ludwig von Wallmoden machte es wie der englische Landadel, der seinen Sitz mit Kunstwerken aller Art ausstattete, so auch mit lebensgroßen Skulpturen, antiken und modernen Kopien griechischer und römischer Helden wie Kaiser Titus, Perseus und Andromeda. In sein Hobby steckte Graf von Wallmoden viel Geld, denn der Transport nach Hannover kostete damals genauso viel wie das eigentliche Werk. Die Sammlung wurde später auf die königlichen Schlösser Hannovers verteilt und das, was von den Ausstellungsstücken noch erhalten ist, befindet sich heute im Archäologischen Institut der Universität Göttingen.

Das Schloss von »edler Einfachheit«, wie es damals hieß, wies einen 31 Meter breiten Mittelbau und zwei niedrige Nebenflügel auf. Südlich von seinem Domizil ließ der Graf einen kleinen privaten Garten mit einer Insel anlegen, der »Zeltinsel«. Auf einer Zeichnung aus der Mitte des 19. Jahrhunderts sieht man Männer in eleganten Offiziersuniformen mit Damen in langen Röcken plaudern, es könnte auch eine Szene aus einem englischen Film über die Gainsborough-Zeit sein. In dem zur EXPO 2000 wiederhergestellten ***Palaisgarten*** hinter dem Museum kann man nach einem Museumsbesuch noch ein wenig die Natur genießen.

Das Rasenoval vor dem Museum wurde 1999 in Anlehnung an die alte Parkidee von Christian Schaumburg

Im Georgenpalais befindet sich heute das Wilhelm-Busch-Museum.

Der Palaisgarten hinter dem Museum lädt zum Entspannen ein.

Die eiserne Fahrbrücke von Laves, hier ein historischer Entwurf, kann das 27fache ihres Eigengewichtes tragen.

restauriert. Schaumburg, der wichtigste Gartengestalter des Königreichs Hannover, hatte von 1835 bis 1841 sowie 1859/60 den ***Georgengarten*** in einen Landschaftspark nach englischem Vorbild umgestaltet. Dafür wurden der Wallmodengarten und weitere separierte Landsitze zusammengelegt, schmale Wasserläufe zu größeren Teichen verbreitert und mit der ausgehobenen Erde wurde die Landschaft sanft modelliert. Für Schaumburg war es wichtig, mit Hilfe ausschließlich natürlicher Bestandteile, wie Wiesen, Wasser und Gehölzen, ein idealisiertes Landschaftsbild zu schaffen, Natur in ihrer schönsten Form. Bei jedem Schritt, ja bei jeder Wendung des Kopfes sollte der Betrachter sich an den Naturbildern erfreuen.

Zu Ehren von Georg IV. wurde der so entstandene Park Georgengarten genannt und das Wallmodenschloss in Georgenpalais umbenannt. Staunen kann man noch heute über ein kleines technisches Wunder, eine eiserne ***Fahrbrükke*** des klassizistischen Architekten Georg Ludwig Friedrich Laves – einfach mal drunterschauen auf die beeindruckende Kons-truktion –, die das 27fache ihres Eigengewichtes tragen kann. Ein Modell dieser Brücke erreichte sogar den russischen Zaren.

Daneben steht der ***Obelisk*** des Grafen von Wallmoden, der 1769 eigentlich in seinem Garten aufgestellt worden war, als Sonnenuhr. Nur gelang es wegen des hügeligen Geländes nicht, dass die Säule korrekt die Zeit anzeigte.

Von Laves stammt auch die ***Augustenbrücke***, die 1840 über die schmalste Stelle des Teiches gebaut und nach der Stieftochter von Ernst August, nach Augusta, benannt wurde. Die Brücke verjüngt sich auf ihrem Scheitelpunkt von 6,5 auf 5 Meter.

In preußischer Zeit wurde der Georgengarten stark vernachlässigt. 1921 übernahm ihn die Stadt Hannover, renovierte ihn, legte Spielplätze an und schüttete das verzweigte Kanalsystem zu. 1934/35 ließ sie auf einer Anhöhe den ***Leibniztempel*** mit der Inschrift »Genio Leibnitii« errichten, um damit den Universalgelehrten aus Hannover zu ehren. Ursprünglich stand der offene Rundbau mit dem Dutzend ionischer Säulen auf dem heutigen Waterlooplatz. Um die

Der Obelisk fungiert als Sonnenuhr.

Seiten 126/127:
Von Laves stammt auch die Augustenbrücke, nach der Stieftochter von Ernst August, Augusta, benannt.

Der Leibniztempel im Georgengarten, ein idyllischer Ort für Picknicks

Kavalierhaus im Georgengarten (Seite 130) und Herrenhäuser Allee (Seite 131)

eindrucksvolle Büste, geschaffen vom irischen Bildhauer Christopher Hewetson, zu sehen, muss man allerdings in das Technologie Zentrum Hannover (TCH) gehen, denn im Tempel steht sie nicht mehr.

Während und nach dem Zweiten Weltkrieg diente der Garten auch dem Gemüseanbau. Bomben zerstörten alte Bäume, wenn sie nicht für Brennholz gefällt wurden. Bis Mitte der 50er Jahre entstand wieder der schöne Park, den wir heute kennen, seit 1996 nähert man sich mit Restaurierungsmaßnahmen behutsam wieder dem ursprünglichen Gesamtkonzept von Schaumburg.

Einem wackeren Bäcker verdankt Hannover einen seiner schönsten Spazierwege. Mit 3 000 Talern kaufte Gerhard Helmcke 1805 den napoleonischen Besatzern die Linden der ***Herrenhäuser Allee*** ab, die abgeholzt werden sollten. Ein Denkmal mit einer Porträt-Plakette ehrt ihn. Die Allee verbindet die Stadt mit dem Großen Garten, der Weg ist gesäumt von 1219 Kaiserlinden. Am Beginn wird er eröffnet durch Alf Lechners Stahlskulptur mit dem sperrigen Titel »Kreisteilung / Quadratanordnung / Kugel«.

Als 1726 die Prachtstraße von Ernst August Charbonnier angelegt wurde, stand hier ein eisernes Tor. Die Regeln waren streng, die Mitte war für die Kutschen des Adels bestimmt, die rechte Seite für Reiter und die linke für die Fußgänger. Reiter und Kutschen, mit denen man durch den Garten fahren kann, sind auch heute hier noch unterwegs, nur nimmt man es nicht mehr so ernst mit den Vorschriften.

Die Kutschpferde leben heute noch im Garten, in einem ansehnlichen ***Pferdestall*** aus der Entstehungszeit des Georgengartens. 1842 ließ ihn Laves durch seinen Mitarbeiter Heinrich Tramm als Ziegelbau mit Rundbogenfenstern ausführen. Nach dem Zweiten Weltkrieg wurde die Herrenhäuser Allee als Parkplatz und als Reparaturwerkstatt für britische Militätfahrzeuge genutzt. Dadurch verursachte Bodenverdichtung und Ölverschmutzung schädigten die alten Linden so sehr, dass sie 1972 bis 1974 komplett erneuert werden mussten.

Herbststimmung im Georgengarten, der in Anlehnung an eine Ideallandschaft nach englischem Vorbild angelegt wurde.

Die Uni im Schloss

Der Pferdestall war eine Lehrlingsarbeit Tramms, später wurde er Hofbaurat und damit berufen zu größten Aufgaben. Direkt gegenüber dem Georgengarten liegt das ehemalige »***Welfenschloss***« – eins der fürstlichsten Universitäts-Gebäude Deutschlands. Als Winterresidenz war es zwischen 1857 und 1866 für Georg V. nach einem Entwurf von Tramm errichtet worden – ein wuchtiger Bau im Stil der damals beliebten Neo-Renaissance und Neo-Gotik aus Deister- und Osterwalder Sandstein. Die königliche Familie wohnte allerdings nicht einen einzigen Tag darin, denn noch bevor der Innenausbau und die Möblierung fertig gestellt waren, wurde das Königreich Hannover von Preußen annektiert.

Als Landschaftsgarten angelegt: der Welfengarten mit dem ehemaligen »Welfenschloss«, heute Universität

Danach baute man das Schloss um, und 1879 zog hier die Technische Hochschule, heute die Leibniz-Universität Hannover, ein. Vor dem Gebäude steht das Symbol des Landes, das Niedersachsenross, modelliert von Friedrich Wolf.

Auch der *Welfengarten* hat eine 800-jährige Gartentradition. Als Park des Schlosses Monbrillant imitierte er den Großen Garten im Kleinen, bevor er 1859/60 von Christian Schaumburg in einen Landschaftsgarten umgestaltet wurde. Heute dient er im Sommer als Seminarraum unter freiem Himmel.

Das Tor

Tore führen bisweilen in die Vergangenheit, gelegentlich in die Zukunft und manchmal auch in beide Richtungen. Zum Schluss unseres Rundgangs steht so ein besonderes Tor: am Beginn oder am Ende – je nach Standpunkt – der Herrenhäuser Allee. Es entstammt der Schlossanlage Monbrillant, dem Ort, an dem heute ganz in der Nähe das Welfenschloss der Uni liegt. 1717 bis 1720 war Monbrillant für Sophie Antoinette Gräfin von Platen-Hallermund gebaut worden. Vergangen. Monbrillant verschwand, um dem neuen Welfenschloss Platz zu machen. Vollständig bis auf dieses Tor. Moment, nicht einmal das. Man möge sich genau die vier Säulen ansehen: Ganz oben in der linken und rechten Säule sind jeweils zwei Steine eingelassen, die etwas dunkler schimmern. Nur diese stammen noch vom Schloss. Vergangenheit getragen vom Heute: Bürgersinn und ein Bildhauer haben 2000 bis 2003 mit dem Nachbau des Tores aus Thüster Kalkstein, der 50 Kilometer südlich von Hannover gewonnen wurde, die alten Steine angemessen geehrt. 2006 wurden die Gitter und Tore ergänzt. An denen geht es vorbei in die Herrenhäuser Allee, eine Gerade, die erst einmal unendlich scheint – und bis zum Eingang des Großen Gartens führt. Zurück in eine faszinierende Vergangenheit, die liebevoll in der Gegenwart bewahrt wird. Damit es auch in Zukunft – und das ist denkbar umfassend gemeint – jedermann möglich bleiben wird, »sich der bäncke bey der grossen FONTAINE zu bedienen«.

Das »Welfenschloss« mit dem Niedersachsen-Ross

Herbststimmung im Großen Garten

 Der Zuschauerraum des Gartentheaters im Großen Garten nach einem Kupferstich von Sasse, 1751

Großer Garten – Geschichtlicher Überblick

1666
Herzog Johann Friedrich lässt von seinem Gärtner Michael Große einen Lustgarten anlegen.

1674
Henry Perronet gestaltet die kleine quadratische Anlage nach Plänen von Hieronymo Sartorio.

1675
Die Große Kaskade und die Grotte entstehen.

1679
Herzog Ernst August, späterer Kurfürst, und seine Gemahlin Sophie lassen über die folgenden 30 Jahre durch den Gärtner Martin Charbonnier den Großen Garten gestalten.

1692
Das Gartentheater, die Kleine Kaskade und der Königsbusch werden errichtet.

1698
Brand Westermann erbaut das Galeriegebäude.

1714
Der Große Garten wird auf seine heutige Größe erweitert; es entstehen der »Nouveau Jardin« und der den Garten umgebende Wasserlauf, die Graft.

1721
Die Große Fontäne wird erstmals in Betrieb genommen.

1722
Johann Friedrich Boehme errichtet das Orangeriegebäude.

1862
Herrenhausen wird ständige Residenz von König Georg V.

1936/37
Die Stadt Hannover erwirbt den Großen Garten; umfassende Restaurierung des Gartens mit Ergänzung um die Aussichtsterrasse, die Schwanenteiche, den Irrgarten und die Sondergärten.

1943
Schloss und Garten werden durch Bomben zerstört.

1966
Zu seinem 300-jährigen Jubiläum erstrahlt der Große Garten wieder in neuem Glanz.

1984
Nach zweijähriger Restaurierung erstrahlt das Fürstenhaus Herrenhausen-Museum im Glanz vergangener Zeiten.

1999–2000
Umfassende Sanierung und Neugestaltung des Fürstlichen Privatgartens sowie des Hardenbergschen Hauses im Vorfeld der Weltausstellung EXPO 2000.

2000
Der moderne Neubau der Mövenpick Schlossküche Herrenhausen sowie das sanierte Hardenbergsche Haus werden eröffnet.

2003
Einweihung der von Hannovers Ehrenbürgerin Niki de Saint Phalle neu gestalteten Grotte.

Berggarten – Geschichtlicher Überblick

1666
Herzog Johann Friedrich beauftragt Michael Große mit der Anlage eines Küchengartens.

1686
Ein erstes Kräuterhaus wird errichtet.

1706
Anlage einer Maulbeerplantage für die königliche Seidenraupenzucht.

1755
Johann Wilhelm Tatter erbaut das erste Glashaus.

1819
Nach Plänen von G. L. F. Laves entsteht der Bibliothekspavillon.

1847
Das Mausoleum wird errichtet.

1849
Ein erstes Palmenhaus nach Plänen von G. L. F. Laves entsteht und wird 1880 durch einen 30 Meter hohen Neubau ersetzt.

1936
Die Stadt Hannover erwirbt den Berggarten; neue Sondergärten entstehen.

1944
111 Bomben verwandeln den Garten und seine Gewächshäuser in eine Trümmerlandschaft.

1958
Die Schauhäuser für Kakteen, Tropenpflanzen und Orchideen werden fertig gestellt.

1985
Das kleine Schauhaus für Pflanzen der Kanaren wird eingeweiht.

2000
Eröffnung des Regenwaldhauses.

2007
Eröffnung des Sea-Life Hannover.

Georgengarten – Geschichtlicher Überblick

1699
Landsitze des Hofadels entstehen.

1796
Im Wallmodengarten lässt Graf Johannes Ludwig von Wallmoden ein Schloss erbauen, heute das Wilhelm-Busch-Museum.

1835–1841 und 1859/60
Christian Schaumburg gestaltet den nach dem hannoverschen König Georg IV. benannten Georgengarten.

1840
G. L. F. Laves errichtet die Augustenbrücke.

1921
Die Stadt Hannover übernimmt den Georgengarten.

1935
Der aus dem 18. Jahrhundert stammende Leibniztempel wird in den Georgengarten versetzt.

1972–1974
Die alten Linden der Herrenhäuser Allee werden durch 1219 neue Kaiserlinden ersetzt.

1999/2000
Neugestaltung des Palaisgartens.

2003
Der letzte Bauabschnitt der Sanierungsarbeiten des Wallmoden-Schlösschens (Wilhelm-Busch-Museum) wird abgeschlossen.

Vasen im Großen Garten im Abendlicht

Adressen, Öffnungszeiten, Veranstaltungen

Herrenhäuser Gärten

Der Große Garten und der Berggarten sind ganzjährig ab 9.00 Uhr geöffnet; die Schließzeiten variieren im Jahresverlauf.

Die Grotte von Niki de Saint Phalle im Großen Garten ist im Sommer täglich ab 9:00 Uhr, im Winterhalbjahr nur sonn- und feiertags geöffnet. Führungen können auch gesondert vereinbart werden. Der Georgen- und Welfengarten sind ständig frei zugänglich.

Info:
Herrenhäuser Gärten: Tel. 05 11 / 16 84 75 76
Hannover Tourismus Service: Tel. 05 11 / 1 23 45 – 3 33
Internet: www.herrenhaeuser-gaerten.de

Detail aus einem Halbmond im »Nouveau Jardin«

Veranstaltungen in den Herrenhäuser Gärten

Festwochen Herrenhausen

Die traditionsreichen Festwochen Herrenhausen finden statt im Großen Garten und seinen Gebäuden Galerie und Orangerie.

Zu den Festwochen zählen die einzelnen Programmbestandteile:
»Herrenhausen Barock« – Barockmusik-Festival (Juni)
»Kleines Fest im Großen Garten« – Kleinkunstfestival (Juli)
»Musiksommer Herrenhausen« – Musical und Konzerte (August)
»Winterfestwochen« – Winter-Varieté (November/Dezember)
Kleinkunstveranstaltungen (Januar/Februar)
Konzerte (Dezember/Neujahr).

Illuminationen

Von Juni bis September finden nach Veranstaltungen und zu gesonderten Terminen Illuminationen des Großen Gartens statt.

Informationen über Veranstaltungen und Kartenvorverkauf:
Tel. 05 11 / 1 68 – 4 12 22
Internet: www.festwochen-herrenhausen.de

Internationaler Feuerwerkswettbewerb

An fünf Tagen in den Sommermonaten findet regelmäßig der Internationale Feuerwerkswettbewerb im Großen Garten statt.

Kartenvorverkauf: 05 11 / 1 23 45 – 2 22

Sea-Life Hannover / Regenwaldhaus

Im neuen Sea-Life Hannover im ehemaligen Regenwaldhaus erleben die Besucher unter einer 16 Meter hohen Kuppel in den ganzjährig geöffneten Schauaquarien eine interaktive Reise in die Unterwasserwelt.

Informationen: www.sealife.de

Wilhelm-Busch-Museum

Das Wilhelm-Busch-Museum – Deutsches Museum für Karikatur und kritische Graphik – beherbergt die umfangreichste Sammlung von Werken des Dichters und Zeichners Wilhelm Busch sowie mehr als 20 000 satirische Zeichnungen und Graphiken aus fünf Jahrhunderten.

Georgengarten 1
30167 Hannover
Tel. 05 11 / 16 99 99 11
Internet: www.wilhelm-busch-museum.de

Fürstenhaus Herrenhausen-Museum

Im Fürstenhaus Georgs II., Kurfürst von Hannover und König von England, sind Einrichtungsgegenstände und Gemälde des höfischen Lebens zu besichtigen. Besichtigung nach vorheriger Anmeldung.

Alte Herrenhäuser Straße 14
30167 Hannover
Tel. 05 11 / 75 09 47

Hardenbergsches Haus

Das 1747 von Oberhofbau- und Gartendirektor Friedrich Karl von Hardenberg unter König Georg II. erbaute Hardenbergsche Haus bietet eine stilvolle Atmosphäre für Veranstaltungen, Tagungen und Empfänge.

Alte Herrenhäuser Straße 10
30419 Hannover
Vermietung über:
Herrenhausen Verwaltungs GmbH Gastronomie & Co. KG
Tel.: 05 11/ 30 18 78 86
Internet: www.hardenbergsches-haus.de

Putto im Gartentheater

Restaurant Schlossküche Herrenhausen

Die Gastronomie im Großen Garten besteht aus Restaurant, Café, Terrasse im »Feigengarten«, einem separaten Veranstaltungsraum sowie einem Biergarten.

Mövenpick Restaurant Schlossküche
Alte Herrenhäuser Straße 3
30149 Hannover
Tel.: 05 11/ 2 79 49 40
Internet: www.moevenpick.de

Der Fotograf

Nik Barlo jr., geboren 1952, studierte freie Kunst und visuelle Kommunikation an der Universität Kassel. Sein zentrales Thema ist die soziale Plastik. 1986 gründete Barlo das GLOBAL ARTS MUSEUM als Forum für die Künste. Immer wieder fotografiert er auch zum Thema gestaltete Landschaft. Hier gilt er als Spezialist für Komposition und das Spiel mit dem Licht. Seine Fotokunstwerke gewähren einen neuen Blick auf bekannte Orte. Nach der Veröffentlichung von Bildbänden über private und öffentliche Parks und Gärten in renommierten Fachverlagen legt der Künstler mit diesem Werk bereits sein zwölftes Gartenbuch vor.

Die Autorin und der Autor

Hanae Komachi (Jahrgang 1959) ist Autorin und Fotografin, schreibt seit 20 Jahren über die europäische Designszene. Sie hat 33 der besten Hotels Europas für den Bildband »EuroHotels« (erschienen in Tokio) besucht, fotografiert und beschrieben. Die studierte Germanistin berichtet für japanische Design-Zeitschriften und ist Ausstellungskuratorin deutsch-japanischer Kulturprojekte.

Henning Queren (Jahrgang 1957), verheiratet mit Hanae Komachi, ist Kulturchef der »Neuen Presse« in Hannover, Spezialist für Oper (Richard Wagner und die Bayreuther Festspiele) und Bildende Kunst (Sowjetische Avantgarde). Er studierte in Hamburg Politikwissenschaft (Diplom), Kunstgeschichte und Musikwissenschaft – und hat ein Faible für besondere Hotels.

Die Herausgeber

Ronald Clark, Jahrgang 1956, ist (meist leider nur theoretisch) leidenschaftlicher Gärtner. Nach seinen Diplomabschlüssen in den Fachrichtungen Gartenbau und Landespflege war er stellvertretender Abteilungsleiter der Herrenhäuser Gärten, danach als Abteilungsleiter für die Pflege und Entwicklung der übrigen Parks, Grünflächen, Spielplätze, Landschaftsräume und Straßenbäume Hannovers zuständig, in dieser Zeit auch verantwortlich für die Ausgestaltung der Grotte im Großen Garten. Seit April 2005 ist Ronald Clark Direktor des nun kaufmännisch geführten neuen städtischen Betriebes Herrenhäuser Gärten und hat einen Lehrauftrag an der Fakultät für Architektur und Landschaft der Universität Hannover.

Wilken von Bothmer, geboren 1952, studierte Forstwissenschaften an den Universitäten Göttingen und München. Seit 1978 gutachterliche Tätigkeit für die Landwirtschaftskammer Hannover, anschließend Landesforstdienst, bis 1991 Protokollchef der Niedersächsischen Landesregierung und bis 1993 Geschäftsführer der Treuhand Forstbetriebs GmbH. Seit 1994 ist Wilken von Bothmer Geschäftsführer der Sparkassen-Gesellschaft zur Förderung der kommunalen Infrastruktur und der Fremdenverkehrswirtschaft mbH (GFI). Sie fördert tourismuswirtschaftliche Projekte im Auftrag der Niedersächsischen Sparkassenorganisation. Seit 1998 ist Wilken von Bothmer auch Geschäftsführer der Herrenhausen Verwaltungs GmbH, Bewirtschaftung von Immobilien im Großen Garten von Hannover-Herrenhausen.